日本一の洗濯屋が教える

間違いだらけの洗濯術

洗濯ブラザーズ

アスコム

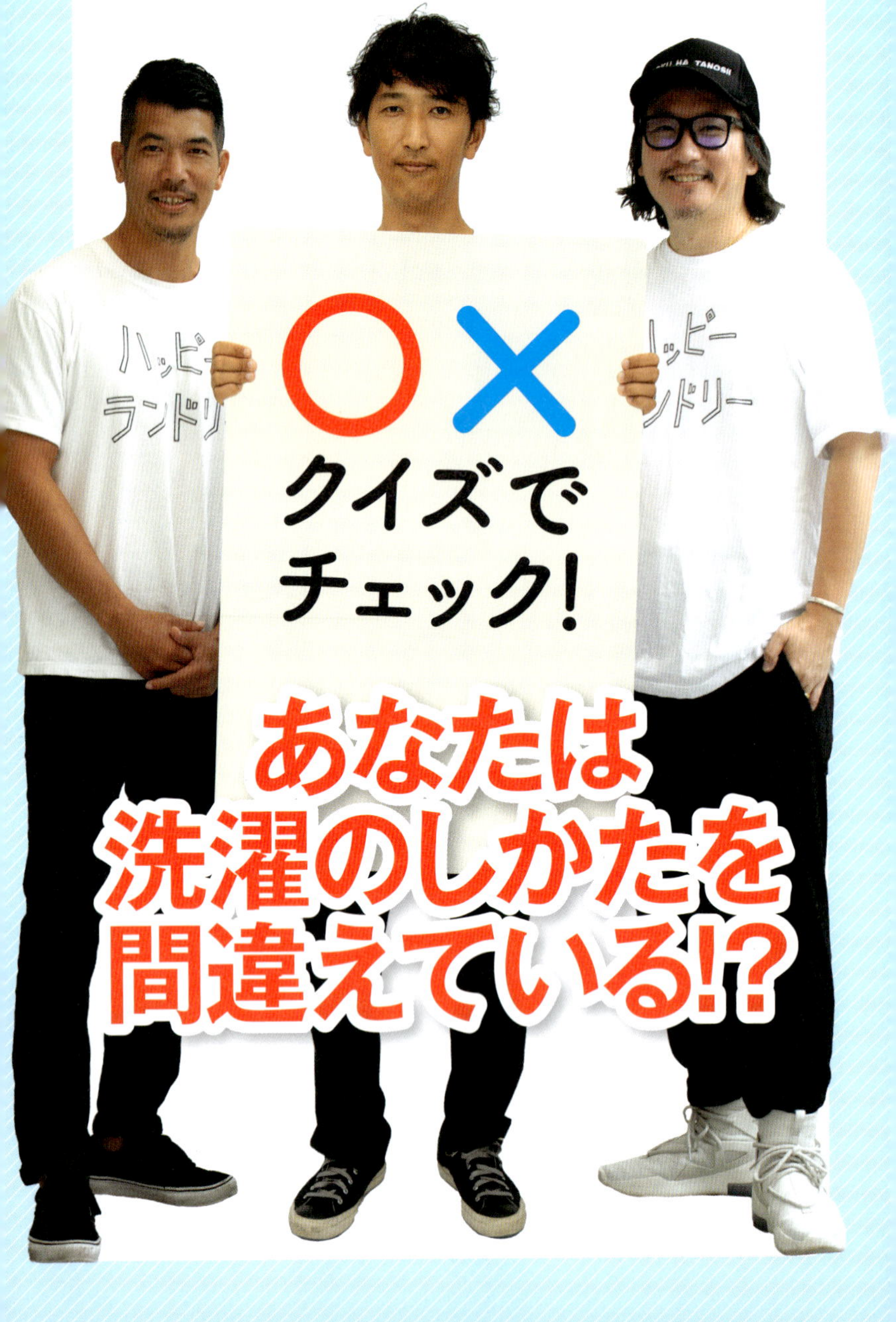

あなたは洗濯のしかたを間違えている!?

Q1

「洗剤を
多めに入れると、
汚れが取れやすい」

○か×か？

洗剤の入れすぎは逆効果！

洗剤の量を増やすと泡が立ちすぎてしまい、その泡が逆に汚れを保護して、繊維《せんい》から汚れがはがれづらくなります。

また、洗剤の濃度が濃すぎると、しっかりと洗剤をすすぎきれないという問題が生じます。

すすぎきれずに洗剤が繊維に残ると、そこに黄ばみが生じたり、部屋干し臭を起こす菌が増殖《ぞうしょく》したりする原因になります。

つまり、洗剤を多めに入れると汚れが取れるどころか、汚れを取りづらくして、さらに別の汚れまで発生させてしまうのです。

洗剤は、パッケージに書かれている使用量をしっかり守るのが正解なのです。

詳しくは132ページ

「シャツの
襟の黄ばみは、
漂白剤で落とす」

○か×か？

Q2

洗剤だけで落ちる！

漂白剤は刺激が強く、生地にダメージを与えます日常づかいでは使用せず、どうしても落ちない汚れを落とすときの「奥の手」として使うのが賢明です。

また、漂白剤にも種類があります。漂白剤を使うときは、まず「酸素系漂白剤」で試して、それでもダメなら、さらに強い「塩素系漂白剤」を使う。この順番を守りましょう。

そもそも、「洗剤だけで黄ばみなどの汚れが落ちない」のは、洗い方が間違っている場合がほとんどです。

漂白剤に頼る前に、洗剤でできることはたくさんあるのです。

詳しくは148ページ

「洗濯機には
『洗濯物↓水↓洗剤』
の順番で入れる」
○か×か？

Q3

水→洗剤→洗濯物が正解！

洗濯機に洗濯物を入れてスタートボタンを押す。水が勝手に流れてきて、洗剤ケースに入れておいた洗剤と混ざって洗濯が始まる。

みなさんが当たり前にやっているプロセスですが、ボクらプロの目からみると、それは正しい洗い方ではありません。

じつは、水そのものが繊維にとってかなりの刺激があり、縮《ちぢ》みや傷《いた》みの原因になりかねないのです。

それを防ぐためには、洗濯物を真水《まみず》に触れさせないほうがいいのです。

水と洗剤をしっかり混ぜてから洗濯物を入れる。この順番が正解なのです。

詳しくは114ページ

Q4

「温かいお風呂の
残り湯を使うほうが、
キレイになる」
○か✕か？

残り湯だとキレイにならない！

水の温度が高いと洗浄力は上がりますが、だからといってお風呂の残り湯を使うのは逆効果です。

お風呂の湯には、人の皮脂やタンパク質が流れ出ています。洗濯で服についた皮脂やタンパク質を落としたいのに、皮脂やタンパク質がたっぷりの湯で洗ったら、どうなるでしょうか？

部屋干し臭や、服が湿ったときによみがえるイヤな臭いの原因になりかねません。

節水のために残り湯を使っている方は多いと思いますが、汚れを落とすためには残り湯を使わないほうがいいのです。

詳しくは128ページ

「洗濯後に
いいニオイがすれば、
キレイに洗えている」

○か
×か？

Q5

「いい香り＝汚れが落ちた」ではない！

洗剤や柔軟剤の香りが広がると、いかにもキレイになった気がします。でも、その香りとキレイに洗えているかどうかは、まったく関係がありません。

むしろ、香りがある、ということは、洗剤や柔軟剤の成分が服に残っているわけです。すすぎが足りない可能性があります。そこから菌が発生し、イヤな臭いに変わることもあります。

しっかりすすいでも、香りの成分が残るタイプの洗剤や柔軟剤がありますが、それらは肌への刺激にもなるので、敏感肌の方は注意が必要です。

詳しくは110ページ

Q6

「洗濯機は、
タテ型より
ドラム式のほうが
キレイになる」

○か×か?

タテ型のほうがキレイになる！

タテ型洗濯機は、たっぷりの水流によって服を洗います。

一方、ドラム式洗濯機は、水の量は少なめで、叩き洗いによって汚れを落としています。

日本の水道水は、軟水です。軟水には高い洗浄力があるため、日本では水流で洗うタテ型のほうが、汚れがよく落ちます。

なぜ欧米でドラム式が普及したかというと、欧米の水は洗浄力が低い硬水が多いからです。水流だけでは服がキレイにならないため、叩き洗いで汚れを落とすドラム式が使われてきました。

つまり、日本では、洗浄力という点では、ドラム式を使う理由はないのです。

詳しくは124ページ

Q7

「洗濯物は、脱いだら洗濯機に放り込んでおいたほうが、すぐに洗えてよい」

○か×か？

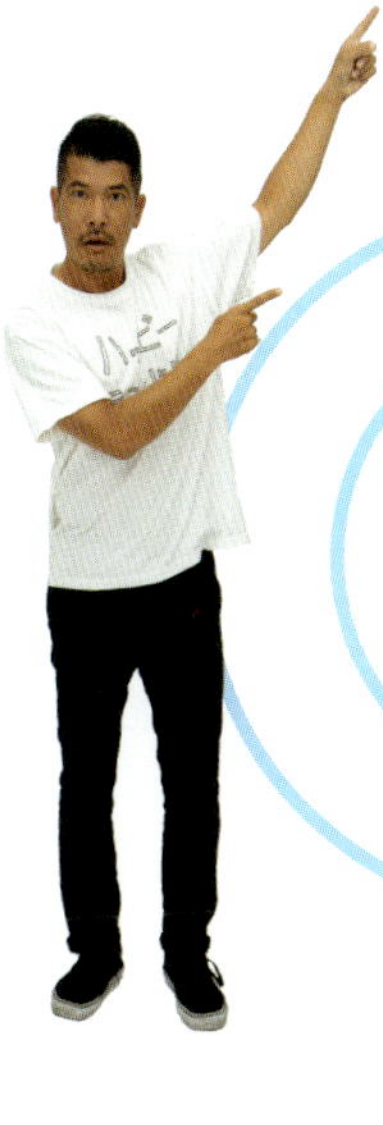

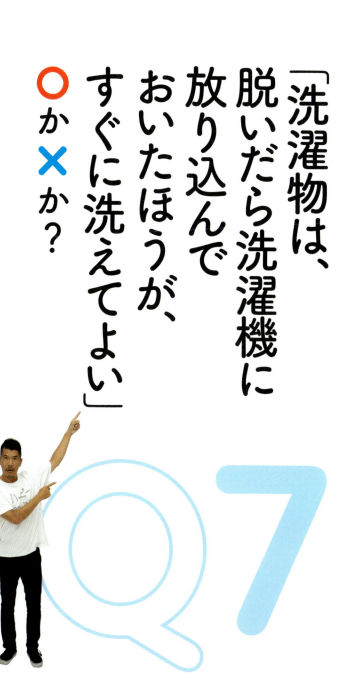

洗濯機に放り込むと臭いの原因になる

脱いだ洗濯物を、洗濯機の中に入れておくと、「モラクセラ菌」という臭いの原因菌が繁殖してしまいます。モラクセラ菌は水分をエサにしているため、通気性の悪い洗濯機の中に、脱いだ洗濯物を放り込むのは厳禁です。部屋干しのときの臭いの原因になってしまいます。

脱いだ洗濯物は、通気性のいい洗濯カゴに入れておきましょう。時間がたつほど、菌は増えてしまうので、できるだけ脱いでから24時間以内に洗濯をするのが理想です。

詳しくは94ページ

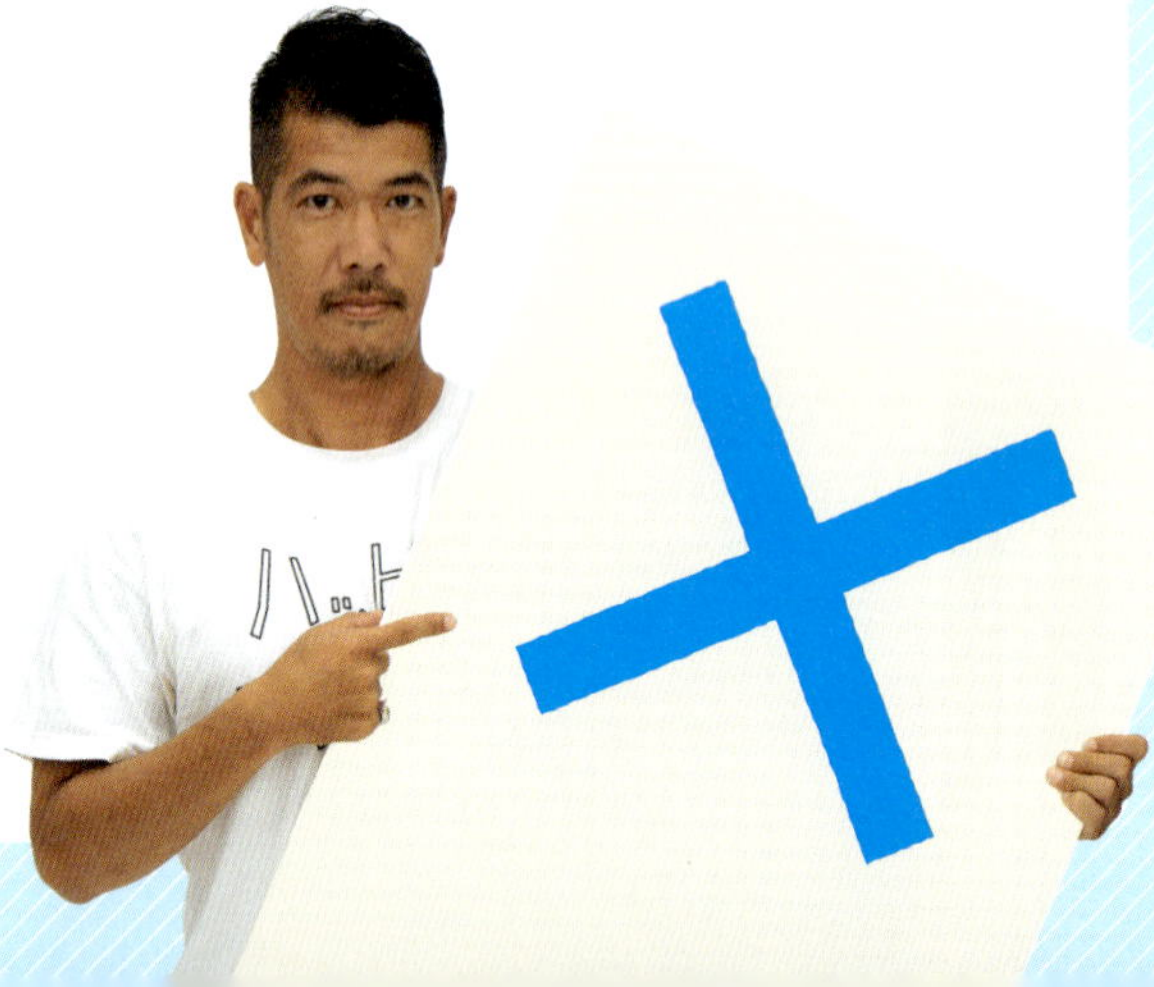

Q8

「脱水時間を長くすれば、乾燥・仕上げがラクになる」

○か×か?

シャツの脱水時間は1分で充分！

しっかり脱水すれば、それだけ水分が飛んで乾燥の時間が短くなるというメリットはあります。

ですが、そのぶんシワになって、ものによってはアイロンがけが大変になることもありますよね。

ワイシャツやおしゃれ着などは、あえて脱水時間を短くして、干したときの水分の重みでシワを伸ばす、という裏ワザがあります。

アイロンがけの手間がはぶけるので、トータルで考えるとこちらのほうが圧倒的にラクなのです。

詳しくは122ページ

「洗濯物は、
日光に当てて
干すのが
いちばんだ」

○か✕か？

Q9

部屋干しのほうが服が傷《いた》まない！

洗濯日和《びより》という概念は、ボクらプロにはありません。

なぜなら、晴れでも雨でも、部屋干ししたほうが服が傷まないからです。

洗濯物に紫外線を当ててしまうと色が抜けてしまいます。とくに濃い色の服は日光に弱く、色あせてしまう可能性が高くなります。

もし大切な服を外干しするときは、必ず裏返してください。日光が差し込む部屋の中で干すときも、裏返したほうが安心です。

洗濯物は、日光に当てて干さない！　これが正解なのです。

詳しくは166ページ

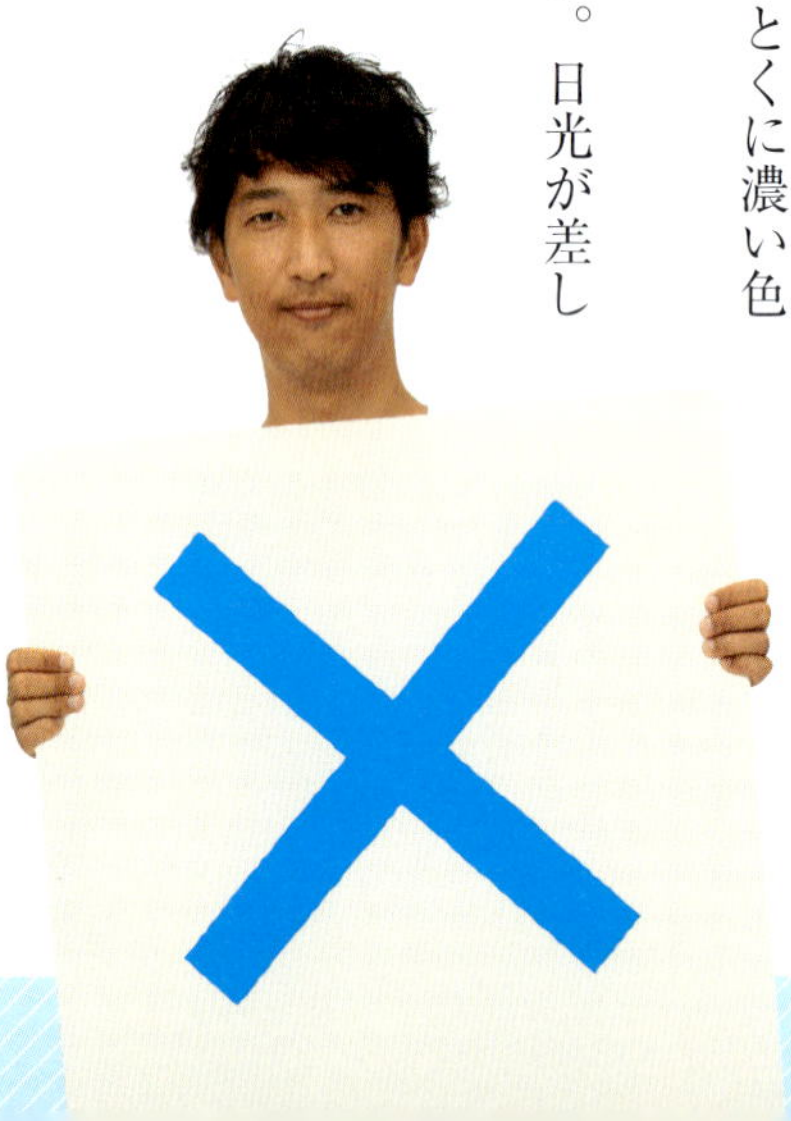

「部屋干しするときは、狭い部屋より広い部屋がいい」○か×か？

Q10

狭い部屋がいい！

広い部屋のほうが、風が流れて服の乾きが早いように思うかもしれません。でも、じつは、広い部屋は服を乾燥させるうえで非常に効率が悪いのです。

服を乾燥させるには風も大切ですが、湿度と温度が同じように重要です。狭い部屋のほうが湿度と温度をコントロールしやすく、効率よく乾かすことができます。

服を干す場所はなるべく狭い部屋を選び、エアコンで室温を調節し、除湿機とサーキュレーター（扇風機）を使うと、広い部屋で干すのに比べて半分の時間で乾きます。

乾燥時間が短ければ短いほど、部屋干し臭に悩まされなくなります。

詳しくは176ページ

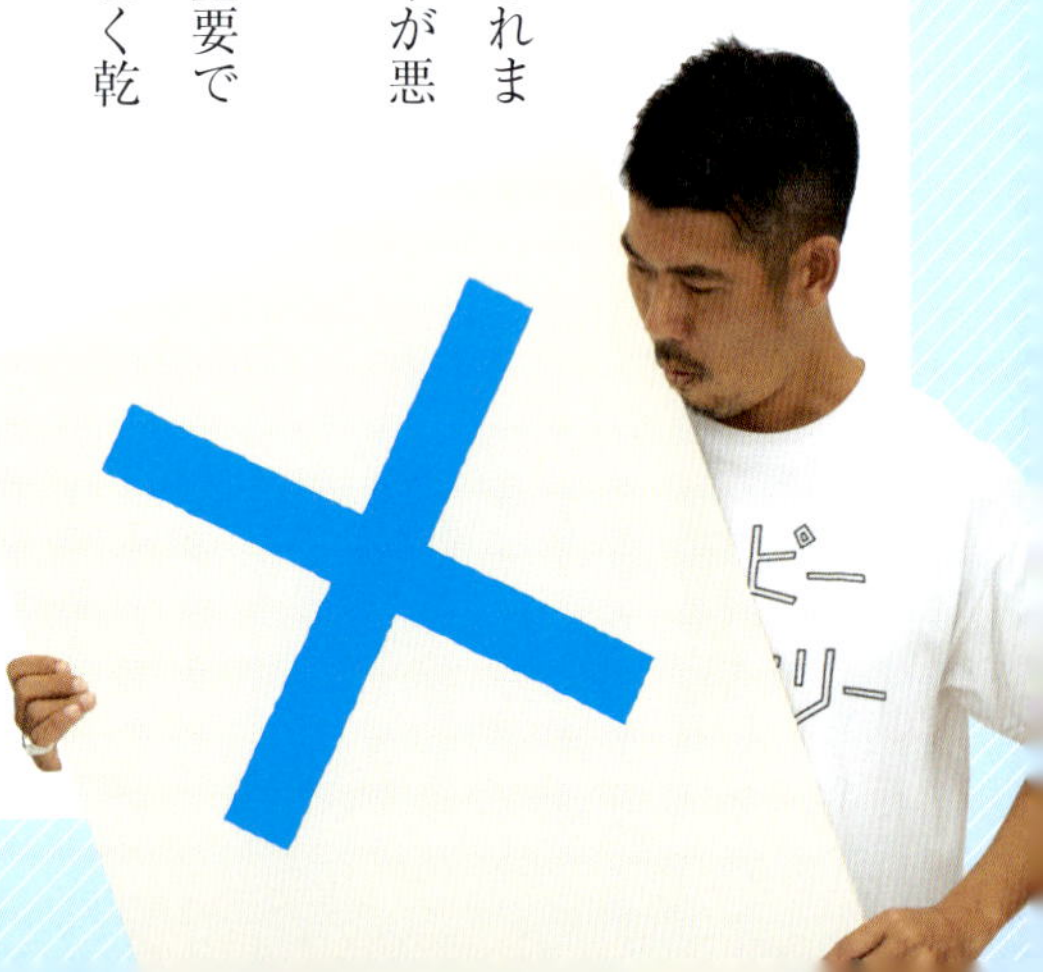

「スーツ、カシミヤ、
シルクの服など、
たいていのものは
自宅で洗える」

○か×か？

Q11

大正解！

皮革や、レーヨン、キュプラ、アセテートなど水に弱い繊維を除いて、ほとんどの衣類は家で洗うことができます。スーツや学生服、ダウンや羽毛布団、コート、それにウエディングドレスだって可能なのです。

水で洗うとトラブルが起こる生地だけは、ドライクリーニングに出す必要がありますが、それ以外は自宅で洗えます。

これで、クリーニング代を年間10万円も節約した人がいます。

その方法を本書で詳しく紹介していきます。

詳しくは82ページ

はじめに

あなたがクリーニングに出している服のほとんどは、家でキレイに洗えます！

はじめまして。

ボクたち洗濯ブラザーズは横浜でクリーニング屋を営みながら、日本全国のみなさんに「正しい洗濯の方法」を広める活動をしています。

この本でも、正しい洗濯の方法や知識をお伝えできればと思っています。

そこで、まずはじめに知っていただきたいのは、**「あなたがクリーニングに出している洗濯物のほとんどは、自宅でキレイに洗える！」**ということです。

ボクたちの洗濯術を知って、自宅で洗えるようになり、年間10万円近くのクリーニング代を節約できた、という方がいます。

なぜクリーニング屋であるボクたちが、「自宅でキレイに洗える！」だなんて、自分のお客さまを減らすようなことを言うのか、不思議に思われるかもしれませんね。

それはこういうことです。「ほとんどのものは自宅で洗える」と言いましたが、「自宅で洗えないもの」もやはりあるのです。

また、「大切にしている衣類だから、どうしてもプロに洗ってほしい」というものもあるでしょう。それらをキレイにするのが、自分たちの仕事だと考えています。


繰り返しますが、家で洗うことができない衣類は、みなさんが思っているより、ものすごく少ないのです。このことを多くの方がご存じないことが、とても残念で、もったいないと感じてきました。

また、洗濯機や洗剤が高性能になった今でも、洗濯がうまくできずにお悩みの方がたくさんいます。**どうして人気の洗剤を使っているのに服がキレイにならないのか？**

それは、洗濯の方法が間違っているからなのです。

洗濯についてのお悩みを、ぜんぶ解決したい。
こうしてボクらは「洗濯ブラザーズ」としての活動をスタートしたのです。

クリーニングを極めたボクらの洗濯術なら、手間なくキレイになり、服が長持ちします!

ボクたちがお伝えする洗濯術は、ただ服がキレイになるだけではありません。そのことを知っていただくために、少し自己紹介をさせてください。

洗濯ブラザーズの長男・茂木貴史はオーガニックコスメの輸入業に携わっていたことがあり、オーガニックという視点から、服と肌にやさしい洗濯法を追求してきました。

次男・康之はテキスタイル会社やクリーニング機械メーカーを経て、２００７年に横浜にクリーニング店「リブレ ヨコハマ」を設立。お客さまの洗濯の悩みをじかに聞き、自宅でいかに手間なく衣類をキレイにできるかの研究を重ね続けています。

もともと父親がクリーニング業界のコンサルタントをしていた関係で、この世界に子どものころから親しんでいました。

ありがたいことに、たくさんの個人のお客さまの衣類から、劇団四季やクレイジーケンバンドなどのステージ衣装まで、クリーニングをまかせてもらっています。海外の大物アーティストの来日公演の際も担当させていただいています。

ステージ衣装は、生地もデザインも繊細です。それが汗でぐっしょりになり、ファンデーションなどのハードな汚れも混ざって、最初はキレイにするのにかなり苦労しました。

そんな経験もあって、自分たちで納得のいく洗濯用洗剤を開発しました。

その洗剤は、日本のライフスタイルショップやブティック、パリの展示会や有名なセレクトショップで好評をいただいています。

現在は友人の今井良が、〝三男〟として合流し、3人でボクたちが培《つちか》ってきた洗濯のノウハウを、全国のみなさんに伝える活動をしています。

ボクたち3人は、みんなファッションが大好きです。お気に入りの服は、生地を傷めず、いつまでも新品のような状態で着たい。服が好きな方の共通の願いでしょう。

つまり、ボクらがこの本でお伝えする洗濯術は、**「手間なくキレイ」**になり、**「服が長持ちする」方法**なのです。

家族思いの主婦の方、服が大好きなおしゃれさんは、ぜひ実践してみてほしいと思います。

最小限の労力でキレイにし、新品のときの状態をキープできる！

みなさんにボクたちの洗濯術をお伝えすると、「洗い上がりの質感が違う」「臭いが消えた」「シミが残らなくなった」「肌触りが気持ちいい」「着心地がいい」「いつまでも新しく見える」という声をたくさんいただきます。「肌あれが改善した」という人までいらっしゃいます。

みなさん共通しておっしゃるのは、「たたんでいる時間が幸せ」という言葉です。気に入って買った服の風合いがいつまでも劣化せずに続くと、愛着あるものに囲まれている幸せや喜びを、服に触れるたびに感じられるのでしょう。

そんな暮らしの楽しみのお手伝いができて、ボクらは本当に幸せ者です。


繰り返しますが、ボクたちの洗濯術を行っていただけば、好きな服を長持ちさせることができます。

もちろん、とにかく洗濯の手間がはぶければいい、洗濯時間が短ければいい、汚れだけ落ちればいい、という考えもあるでしょう。

しかしボクらの伝える方法は、最少の労力でしっかり汚れを落としながら、生地を傷めず、型崩れを起こさず、白い服はスッキリと白く、色ものは鮮やかで色あせないようにする方法です。


理想は、新品のときの状態を少しでも長くキープすることだと考えています。

誰も教えてくれなかった「正しい洗濯のしかた」を
ゼロからボクらがお伝えします！

これまでみなさんは、洗濯とは、洗濯機に衣類を入れてスタートボタンを押すか、クリーニングに出すか、それ以外の選択肢を誰にも教わってこなかったのではないでしょうか。

それもそのはずで、料理や掃除のやり方を教えてくれる人はたくさんいますが、洗濯について教えてくれる人は、ほとんどいないのが実状だと思います。なぜなら、洗濯機のスタートボタンを押すことが洗濯だと思っている方が、世の中の人のほとんどだからです。

確かに、洗濯機は高性能で便利になりました。でも、洗濯機の基本設定が完ぺきかというと、ボクらプロの立場からすると残念ながらそうとは言えません。

どんなに高性能の洗濯機を使い、人気の洗剤で洗濯をしたとしても、洗濯のしかたが根本的に間違っていたら服はキレイになりません。

・部屋干しするとイヤな臭いがする
・シャツの襟の黄ばみが取れない
・タオルがゴワゴワになる
・服がすぐに傷んで型崩れする
・シワになってアイロンがけが大変

これらの悩みはすべて、間違った洗い方をしているから起こります。

でも大丈夫。ちょっとしたコツを知るだけで、驚くほど簡単にこれらの悩みは解消できます。よけいな労力をかけなくてすみ、洗濯がラクになって、だんだん楽しくなってくるのです。

それを実現していただくために、ボクたちクリーニングのプロしか知らない洗濯のノウハウを、本書ではあますことなく公開したいと思います。

この本は、全部で5章立てです。まず第1章を読んでいただければ、洗濯ブラザーズ式の基本の洗濯のやり方やポイントを知ることができます。

2章以降は、1章で紹介した内容を、より詳しく解説していく構成にしています。どこから読んでもわかる書き方をしていますので、気になる章からチェックしてみてください。

あなたの毎日の洗濯が、楽しい時間になりますように。

そのためにボクたちが、全力でサポートします!

洗濯ブラザーズ

◯×クイズでチェック！

あなたは洗濯のしかたを間違えている!?

はじめに

第1章 もう間違えない！ 洗濯ブラザーズ式

基本の洗濯術

第2章
もう間違えない! 洗濯ブラザーズ式
ちょっとの「準備」で臭いもシミもみな落ちる

第3章 もう間違えない！ 洗濯ブラザーズ式 洗濯機120%活用術

〈ハードな汚れはこう洗う〉

〈デリケート素材、色ものはこう洗う〉

第4章

もう間違えない！ 洗濯ブラザーズ式

アイロンいらずの乾燥術

第5章

もう間違えない! 洗濯ブラザーズ式

正しい洗剤の選び方

第1章

\ もう間違えない！ /

洗濯ブラザーズ式

基本の洗濯術

この章を読んでいただければ、
ボクたちの洗濯術の基本的なやり方を
知ることができます

第1章は、汚れをしっかり落とすための「洗濯の準備」、
洗濯機を120％活用するための「本洗い」、
イヤな臭いをさせない「乾燥・仕上げ」、
そして、おすすめの「洗剤の選び方」まで、
みなさんに覚えておいていただきたいポイントをまとめました。

洗濯機などの家電を購入すると、「分厚い説明書」と
「簡単な説明書」が入っていると思います。
第1章は、ボクたちの洗濯術の「簡単な説明書」の役割です。
洗濯のやり方を忘れてしまったときは、この章をチェックしてみてください。

それでは、洗濯ブラザーズ式「基本の洗濯術」を紹介していきます！

洗濯を始めるその前に、

洗濯槽は 必ずキレイにしておこう!

洗濯槽を洗っていないと……

が増えて、せっかく洗濯しても臭いや汚れは落ちません。
それどころか、服は逆に汚れてしまいます!

→ 春夏は1カ月に1回、
秋冬は3カ月に1回は
洗濯槽を洗いましょう!

正しい洗濯のスタートは、ここからです!

(詳しくは100ページ)

洗濯ブラザーズ式の洗濯は「準備」「本洗い」「乾燥・仕上げ」の3ステップで実現します！

洗濯というと、洗濯機の中に衣類を入れて、あとは全自動でおまかせ、という方が多いのでは？　でもそれだけでは、服はキレイになりません。洗濯機に入れる前の「準備」と、洗濯機を上手に使う「本洗い」、洗い終えたあとの「乾燥・仕上げ」までの3ステップ。この3つが大切だと知りましょう。

ステップ1

準備

（詳しくは46ページより）

脱いだ衣類は通気性のいいカゴに保管

洗濯槽の中に衣類を入れておくと、湿気によって雑菌が繁殖します。脱いだ衣類は通気性のいい洗濯カゴに入れておきましょう。

黄ばみと臭いを防ぐプレウォッシュ

洗濯用洗剤と水を1対1で混ぜ、100円ショップで買えるスプレーに入れれば完成。汚れが気になる箇所に吹き付けてブラシで叩けば、汚れがよく落ちます！

ステップ2

本洗い

（詳しくは56ページより）

洗濯機をフル活用する方法を紹介！

水と洗剤を混ぜてから、衣類を入れるのが洗ブラ流！

今の洗濯機は高性能ですが、手動設定やちょっとした工夫で、さらに効率的に洗浄パワーを発揮することができます。

ステップ3

乾燥・仕上げ

（詳しくは62ページより）

生乾き臭しらずの干し方を紹介！

外干しよりも、部屋干しのほうがいい！

衣類を傷めないでキレイに仕上げるには、部屋干しのほうがいいのです。イヤな生乾き臭がしない干し方があります。

ステップ1
準備

「家で洗えるもの」と「家で洗えないもの」は素材で見分けましょう！

水に弱い素材以外は、家で洗えます。光沢《こうたく》やシワ加工がされたデザインは、自分では洗いにくいのでプロに任せるのがいいでしょう。

家で洗えるもの

- **ウール**
  汗や皮脂を吸収しやすいので、水洗いが必須です。
- **カシミヤ**
  ウールと同様、水洗いしたほうが汚れが落ちます。
- **アンゴラ**
  毛足が長く、縮みやすい素材ですが、やさしく手洗いすれば問題ありません。
- **シルク**
  部分的に濡れると輪染みになりやすいですが、正しく洗えばOKです。
- **綿、麻、合成繊維（ポリエステルなど）**
  もちろん洗えます。

家で洗ってクリーニング代を節約！

家で洗えないもの
（クリーニングに出そう）

- **皮革、毛皮**
  水に濡れると固くなり、シミや型崩れの原因になります。
- **レーヨン**
  水に濡れると大幅に縮んでしまいます。
- **キュプラ**
  裏地によく使われる素材で、水に濡れると縮んでしまいます。
- **半合成繊維**
  アセテートなどの半合成繊維は、水で洗うと白っぽく風合いが変化してしまいます。
- **光沢・シワ加工のもの**
  光沢やシワ加工の再現はプロに任せるべきワザと心得ましょう。

これらはプロに任せよう!

「家で洗えるもの」でも、大切な服を自分で洗うのは心配という方はいらっしゃるでしょう。そんなときは、ふだん着で洗い方のコツをつかんでから、ウールやシルクなどの服に挑んでみてください。

洗濯物は、洗う前にかならず分類しましょう！

洗濯物を分類する。単純ですが、非常に大切なステップです。なんでもかんでも一緒くたに洗ってしまうと、ベストな仕上がりにはなりません。あまり細かいとめんどうなので、次の4つは別々に洗うと心得ておきましょう。

①ふだん洗い

日常づかいの服や、一般的な下着・肌着、タオルなど。

②ハードな汚れ

泥汚れ、食べこぼし、黄ばみや黒ずみなど目に見えるほどの汚れがあるもの。

③デリケート素材

ニットやレースなど繊細な生地や、複雑な形・飾りのあるデザインのもの。とくに長持ちさせたい服。

④色もの

濃い原色の色柄もの。色移りの危険があるので別々に洗う。一度洗って色落ちの心配がないものは、ほかの洗濯物と一緒に洗っても構いません。

洗濯槽の中に衣類をためるのは絶対NG！

生乾きの臭いの原因「モラクセラ菌」が繁殖しちゃう!!

イヤな生乾きの臭い。干し方に問題があるのかな、と思っている方が多いと思いますが、じつは闘いは服を脱いだときから始まっているのです。

生乾きの臭いの元である「モラクセラ菌」などの雑菌は湿気が大好き。だから通気性のよくない洗濯槽の中に衣類をため込んでおくと、どんどん雑菌が増殖してしまうから要注意です！

脱いだ服は通気性のいいカゴに入れるのがベスト！

臭い対策はここから始まっています！

通気性のいいカゴに保管しておくと、雑菌の繁殖を抑えることができます。

そして洗濯のときに、「ふだん洗い」「ハードな汚れ」「デリケート素材」「色もの」に分けて洗うようにしましょう。ただ、時間が経つほど雑菌は繁殖していくので、脱衣から可能な限り24時間以内に洗濯するのが理想です。

超簡単！　プレウォッシュをするだけで黄ばみのない仕上がりに！

プレウォッシュとは、洗濯機で洗う前の「前処理」「予洗い」のことです。シャツの襟など汚れが目立つところにプレウォッシュを吹き付けておくだけで、汚れが落ちやすくなります。プレウォッシュ液は、次のように自宅で簡単に作れます。

プレウォッシュ液の作り方

用意するもの

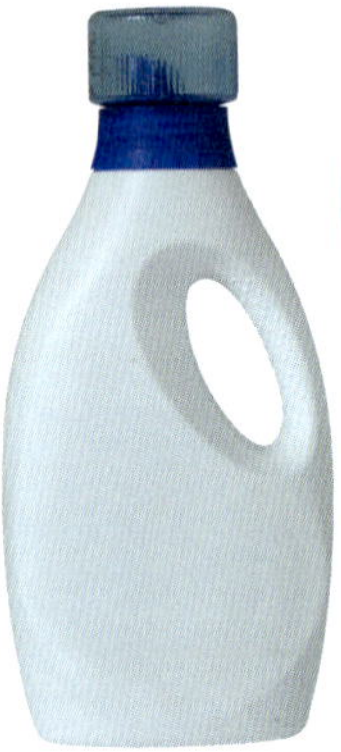

洗濯用液体洗剤（弱アルカリ性のものを選んでください）

スプレー容器（100円ショップで購入できます）

作り方

スプレー容器に洗剤を入れる

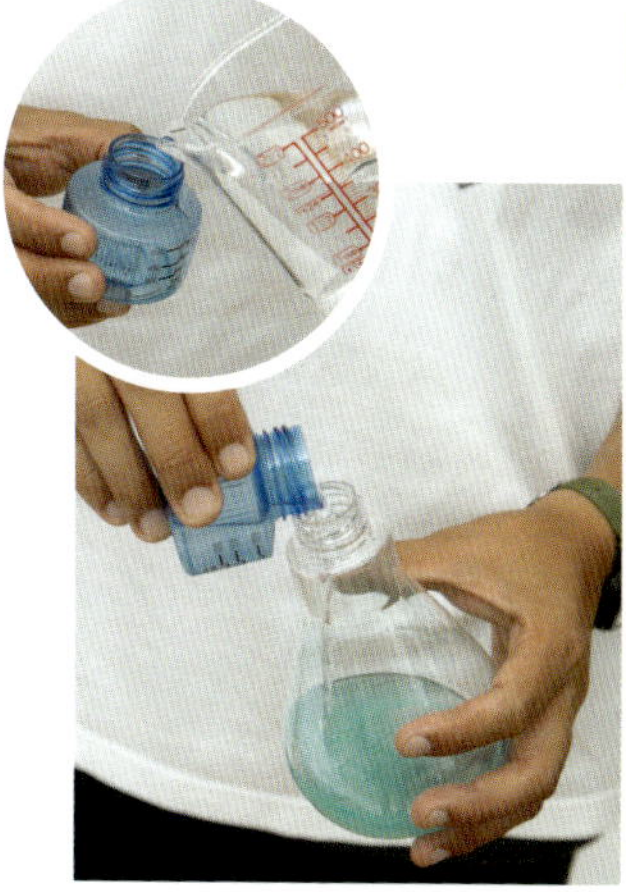

洗剤キャップに洗剤と同じ量の水道水を入れる（洗剤と水の量は１対１に）→スプレー容器に水道水を入れる

軽く振って混ぜる

1週間以内に使いきりましょう

プレウォッシュ液の使い方

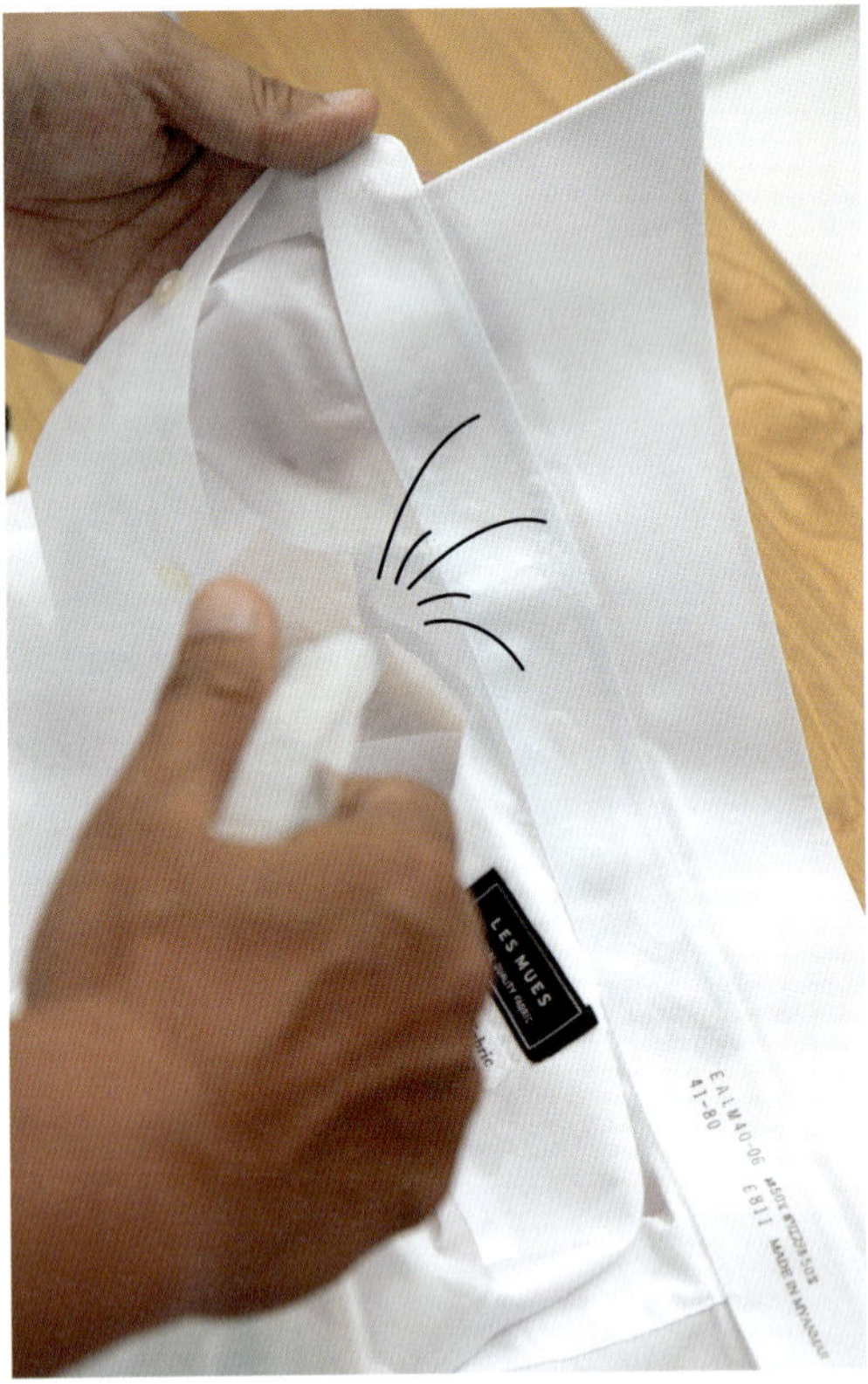

全体にまんべんなく1回、
汚れの気になるところに3回スプレー！
15分おいてから、洗濯機で洗おう！

プレウォッシュにより、繊維の奥に残っている皮脂汚れを浮かせておけば、本洗い（洗濯機洗い）のときに、汚れが根こそぎ落ちます。

ガンコな黄ばみはブラシで叩く！

ブラシで叩けば、さらに皮脂汚れを浮かすことができます。こすると生地が傷むので、トントン叩くようにしましょう。

プレウォッシュは、シャツの襟や袖など、すでに黄ばんできている部分に行えば、黄ばみ取りになります。

また、まだ黄ばみが出ていなくても、黄ばみや臭い予防のために行うのも効果的です。目に見えるほどの服の汚れは、皮脂汚れの蓄積によって生じています。

つまり、ふだんからプレウォッシュで皮脂汚れのケアをしておけば、いつまでも白くて清潔な状態に衣類を保つことができるのです。

洗濯用ブラシはホームセンターなどで数百円で購入できます。

ステップ2
本洗い

洗濯機の全自動コースで洗う前に！
このひと手間で仕上がりが変わります！

洗濯槽に衣類を入れて、洗剤を注入口や洗剤ケースに入れたら、フタを閉めてスタートボタンを押す。9割の方はこういう洗い方をしているでしょう。でも、全自動で洗濯を始める前に、水、洗剤、衣類と、入れる順番を変えるのが洗ブラ流洗濯のポイントです。

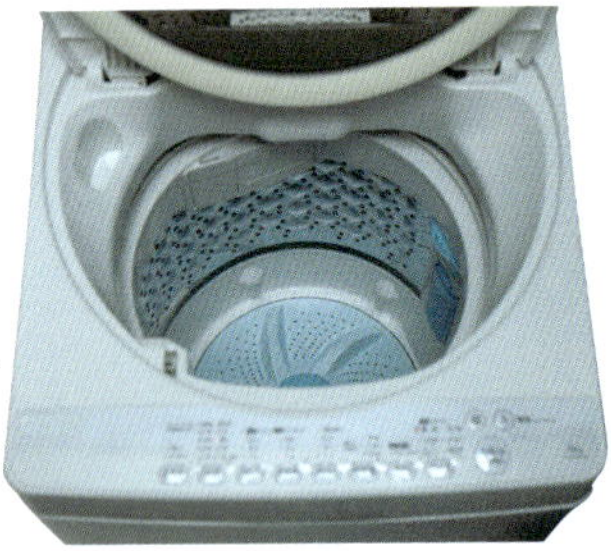

①洗濯槽はカラに！

手動設定で水の量を最大量にして、スタートボタンを押す

②まず、水をためる

水がたまりきったら、一時停止ボタンを押す

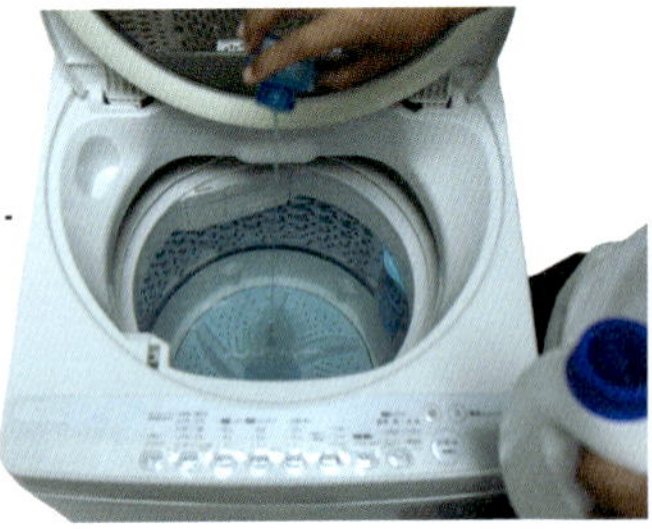

③次に、洗剤を投入！

洗剤の注入口ではなく、水の中に直接洗剤を入れる。その後、再度スタートボタンを押して水と洗剤を混ぜる

④このくらい泡立てる

しばらく洗濯機を回してください（泡立ちにくい洗剤もあります。水と洗剤をよく混ぜることが大切です）

⑤最後に洗濯物を入れて洗濯スタート！

衣類に水が直接ふりかかると、衣類は大きなダメージを受けてしまいます。

　そのため、先に水と洗剤を混ぜて泡立ててから衣類を入れたほうが、生地のダメージを防ぐことができます。

　また、洗濯はたっぷりの水で洗うのが基本。たいていの洗濯機は節水で設計されているので、全自動にすると水の量が足りなくなる恐れがあります。手動で、いちばん多い水量を選ぶのがいいのです。

本洗いのポイント①

水の量は「こぶし1個」の余裕が目安

こぶしで衣類を軽く押さえて、
手首が水の中に入りきるように

水の量がたっぷりあるかどうかを測る基準は、写真のように衣類を水の中に入れて、こぶしで衣類を軽く押さえたときに、手首が水の中に入る余裕があるかどうかです。

手首まで入らないと、水の量に対して衣類が多すぎるため、汚れが落ちなかったり、シワがつきやすくなるので要注意です。

本洗いのポイント②

洗濯ネットはこう使う

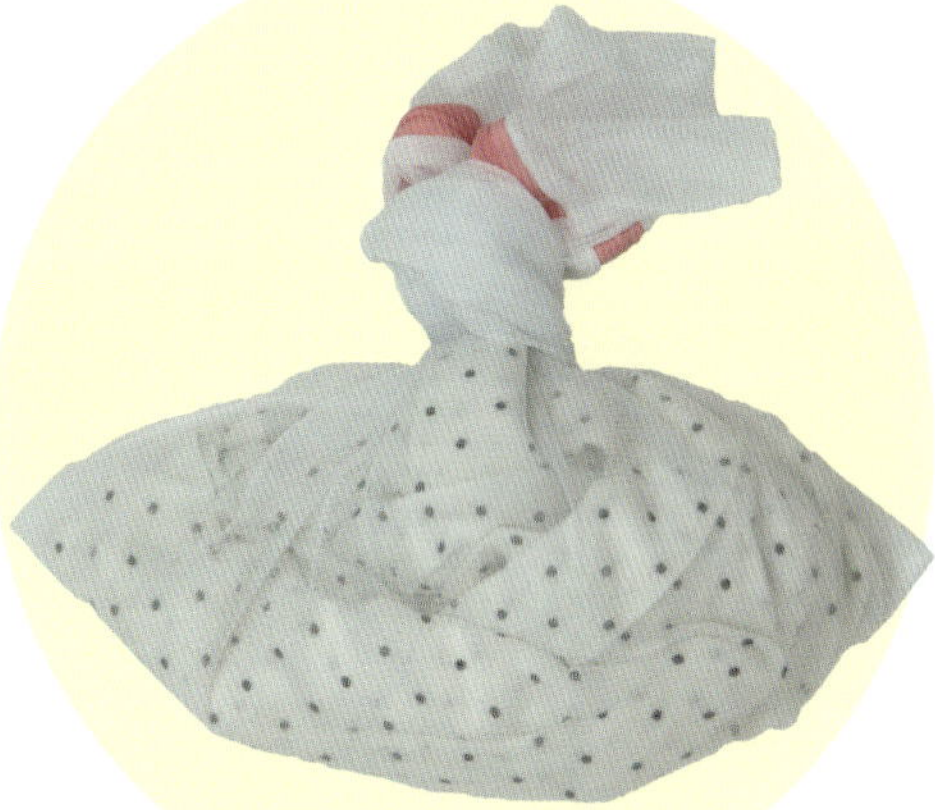

空きスペースは結んで、
中の衣類が動かないように

おしゃれ着や下着など型崩れが心配な衣類は、洗濯ネットに入れて洗っている方が多いと思います。その際、衣類に対してネットが大きすぎると、空きスペースができてしまいます。ポイントはあまった部分を結んで、中の衣類が動かないようにすることです。空きスペースがあるとせっかく洗濯ネットに入れていても、衣類がシワになったり傷んでしまう可能性があります。

本洗いのポイント③

ふだん洗いの洗剤選びで迷ったら、「弱アルカリ性の液体洗剤」！

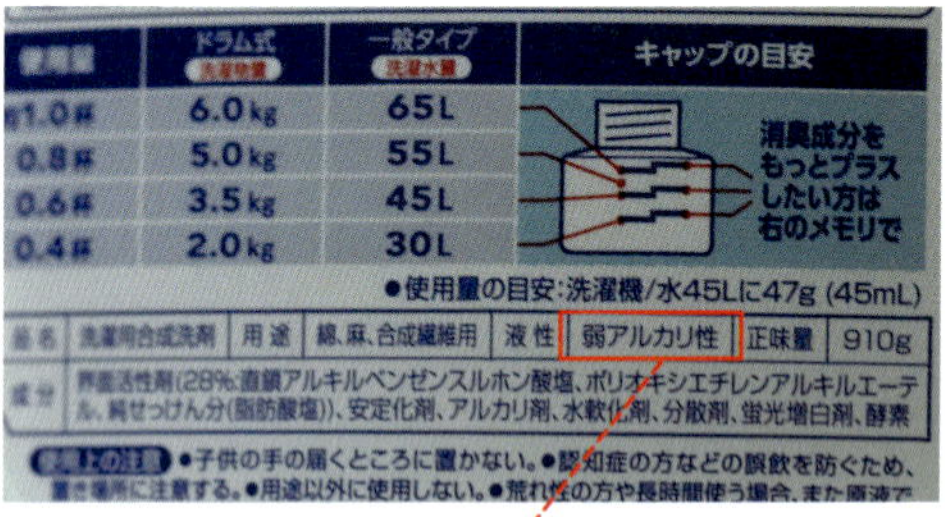

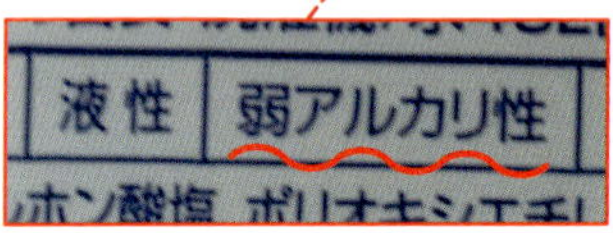

裏面の成分表示のココをチェック！

今はさまざまな種類の洗剤が販売されていて、何を選んでいいか迷ってしまいますよね。

そんなときは成分表示をチェックして「弱アルカリ性」の「液体洗剤」を選ぶのが無難です。

洗浄力、服への影響、価格のバランスがほどよく、ふだん洗いに適しています。

市販の洗剤のメリットとデメリットを知って自分に合った洗剤を探そう

洗剤を選ぶ際に重要なのは、「何を基準に選ぶか？」を明確にすることです。洗浄力を重視する方は「粉末」、敏感肌という方は「洗濯用せっけん」、といったように、洗濯に何を求めるかによって決めるのがいいでしょう。

粉末の場合は、生地や肌に刺激を与える、漂白剤や蛍光増白剤が入っていないタイプを選んでください。

	洗浄力	生地へのやさしさ	値段	おすすめ用途
弱アルカリ性	○	○	○	ふだん洗い
中性	△	◎	△	デリケート、色もの
液体	○	○	○	ふだん洗い、デリケート、色もの
粉末	◎	△	△	ハードな汚れ
洗濯用せっけん（植物由来のせっけん成分が主体）	△	◎	△	デリケート、色もの
洗濯用合成洗剤（石油由来の界面活性剤が30％以上含まれている）	◎	△	◎	ふだん洗い
洗濯用複合せっけん（せっけんと合成洗剤の中間）	○	○	○	ふだん洗い

ステップ3
乾燥・仕上げ

どんな天気でも
必ず**部屋干し**を。
それが、プロの乾かし方

外干しのほうがキレイに乾く、というのは大間違いです。紫外線によって服は色あせたり、生地がすぐに傷んでしまいます。また昨今は、空気中に有害物質が多いですし、季節によっては服が花粉まみれになる危険性があります。

衣類のことを考えたら、一年中部屋干しするに越したことはありません。部屋干しの環境さえ整えれば、イヤ〜な生乾きの臭いは簡単に防げます。

生乾きの
臭いしらずの
部屋干しの
コツとは？
ハッピーランドリー

乾燥のポイント①

サーキュレーターと除湿機を使おう

なるべく狭い部屋で高い位置に干す

広い部屋より、狭い部屋のほうがよく乾きます。その理由は、狭いほうが湿度を効率よく下げることができるからです。洗濯物は、温度は高く、湿度は低く、空気を循環させる、ことによって乾きます。

その環境を作るために、狭い部屋で除湿機とサーキュレーターを使います。

高い位置に干したほうがいいのは、湿気は低い位置に集まるからです。

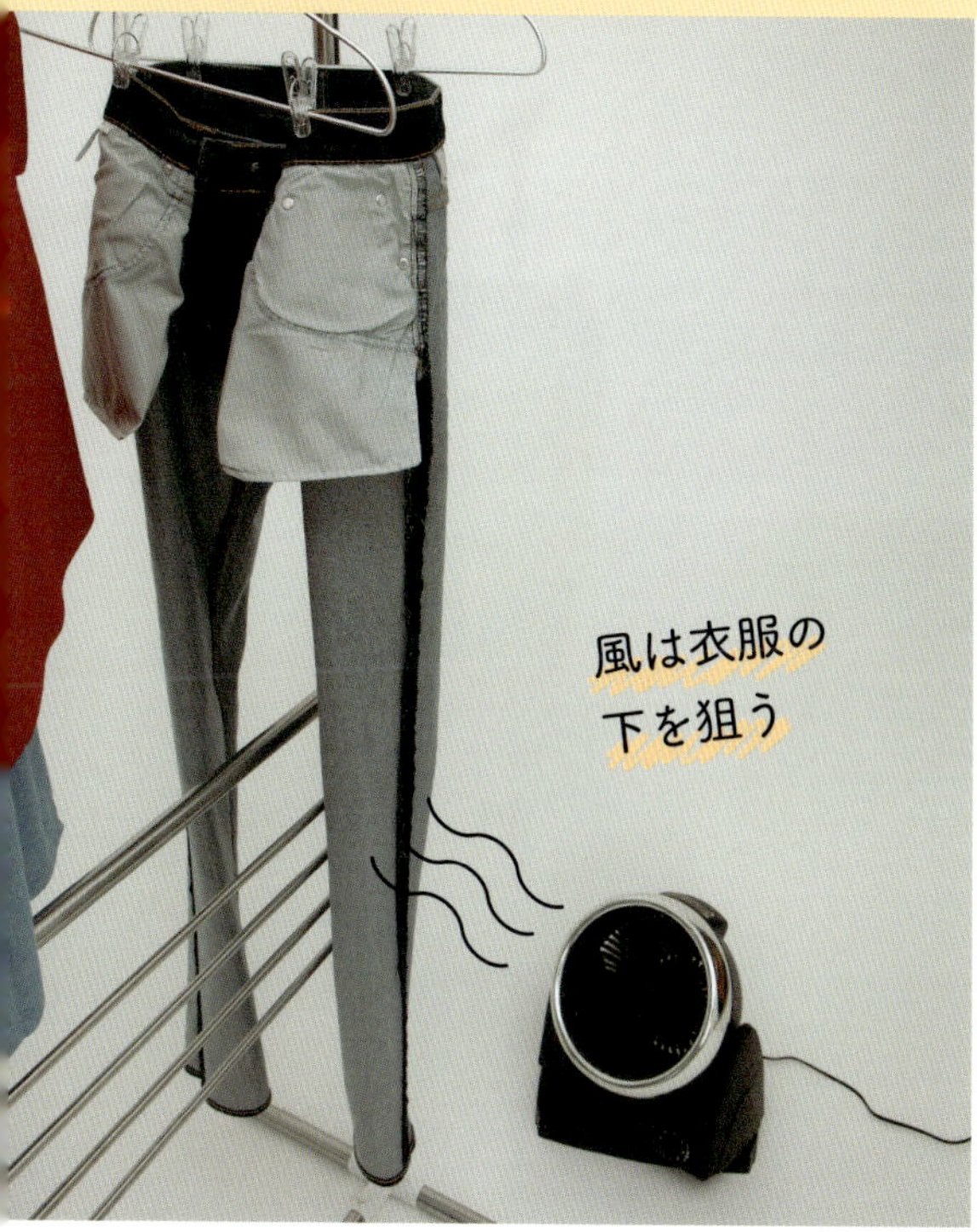

乾燥のポイント②

乾きにくいものに風を送ろう

乾きやすいものは、風を当ててても当てなくても早く乾きます。でも、厚手の服など乾きにくいものは、そうはいきません。

乾きにくいものに集中的に風が当たるようにサーキュレーターの位置を工夫しましょう。また、干したときに衣服の下側になるほうが乾きにくいので、そこも狙って風を送ります。これによって、洗濯物全体が効率よく乾きます。

乾燥のポイント③

衣類のアキは「こぶし1個」

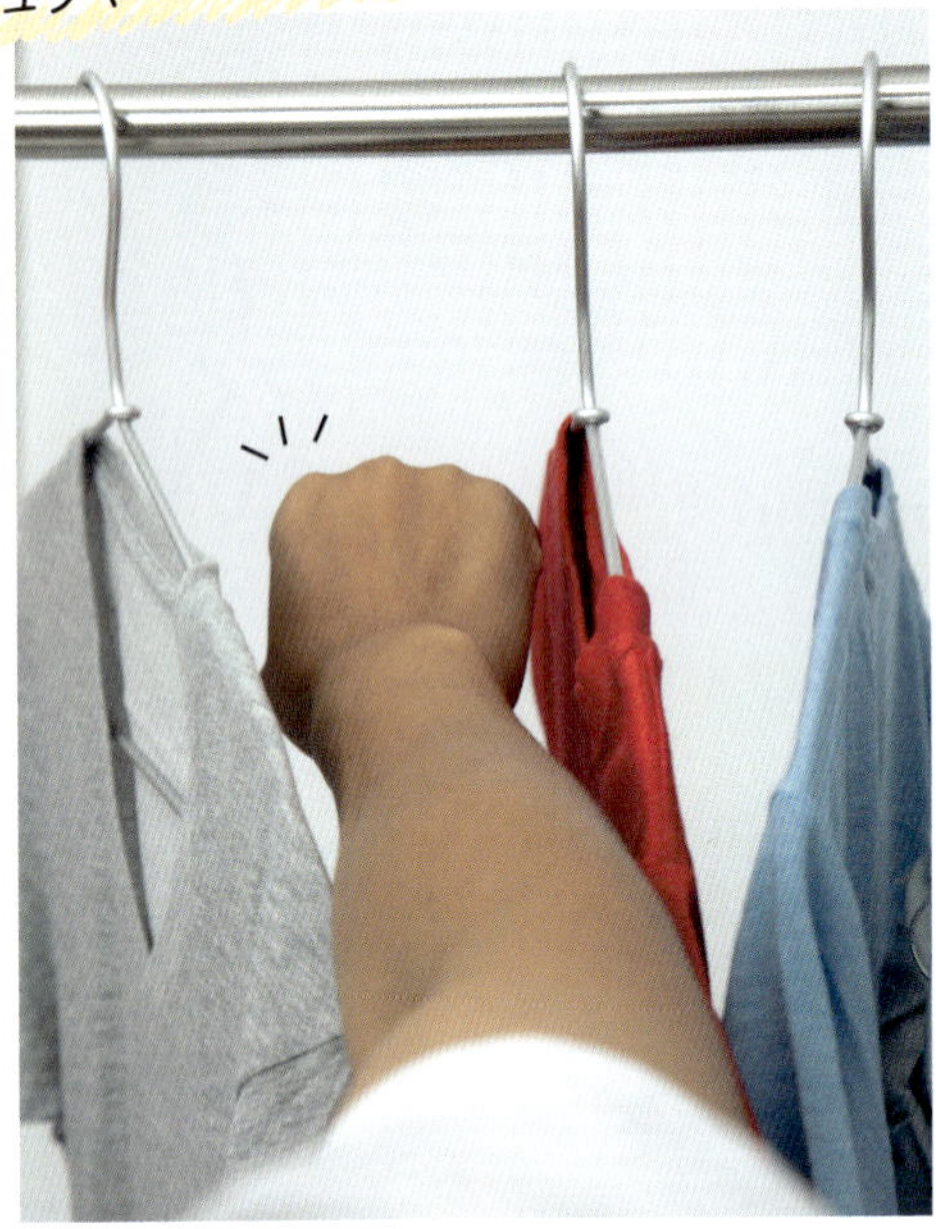
ギュウギュウは厳禁!

衣類を干すときは、最低でもこぶし1個の間隔をあけて干しましょう。ギュウギュウすぎるとやはり空気の循環が悪くなって、乾きづらい部分がでてきてしまいます。

とにかく空気に触れる表面積を広げることがポイントです。

乾燥のポイント④

厚手の服は空気に触れる表面積を増やす

ジーンズのポケットや、パーカーのフードは乾きにくい部分ですが、写真のようにハンガーを2本使って、空気に触れる面積を増やせば、効率よく乾かすことができます。

また、ジーンズのポケットは、ジーンズを裏返して干すと、より乾きやすくなります。

タオルなら二つ折りではなく、ハンガーを2本使って、コの字形に干すようにしましょう。

これでジーンズもパーカーも早く乾く！

乾燥のポイント⑤

ニットの上手な乾かし方

重さを分散させて伸びるのを防ぐ！

ニットは1本のハンガーに干すと伸びてしまうため、写真のようにハンガーを2本使い、衣類の重さを分散させて干してください（写真上）。

また最近は、平干し用のハンガーも売られているので、大切な服はこれを活用するのがいいでしょう（写真下）。

ちょっとの工夫で、
ストレスフリーな
洗濯ライフ

ちょっと待って!!

ドラム式洗濯機の人はどうする!?

ここまで、ドラム式洗濯機を使っている方は実践できない方法があったと思います。そこでここからは、ドラム式の場合はどうすればいいのか、その疑問にお答えします!

Q

ドラム式なので、そもそも水と洗剤を先に混ぜられないです。どうすればいいですか?

A

ドラム式の場合は、事前に水と洗剤を1対1の割合で混ぜておき、それを洗剤の注入口や洗剤ケースに入れればOKです。ちなみに最新モデルでは、「泡洗浄」といって、ドラム式でも泡で洗える機能がついた洗濯機が増えています。

【ドラム式の場合の水と洗剤の混ぜ方】

洗剤をペットボトルに入れる
（洗濯物の量に合った表示の分量）

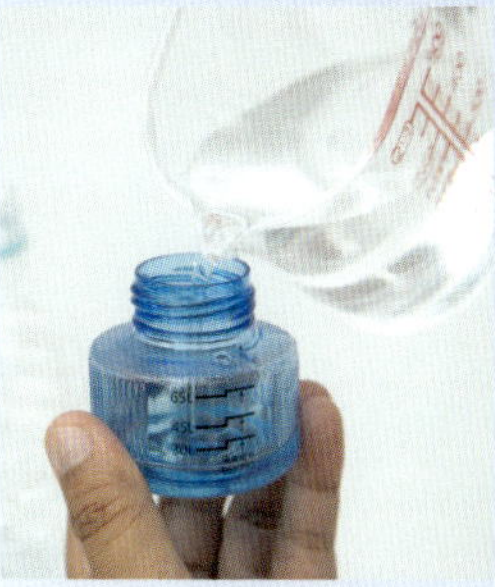

洗剤と同じ量の水を、ペットボトルに入れる

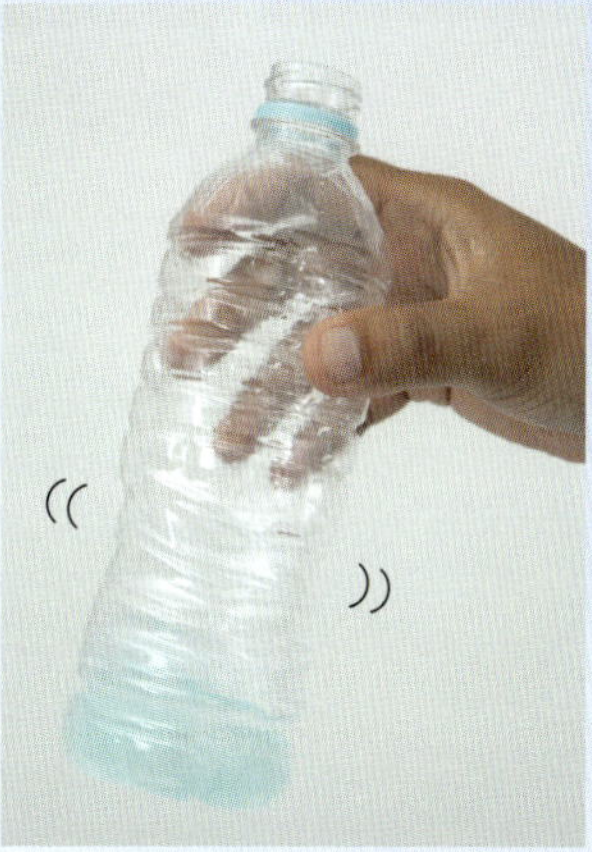

よく振って混ぜる

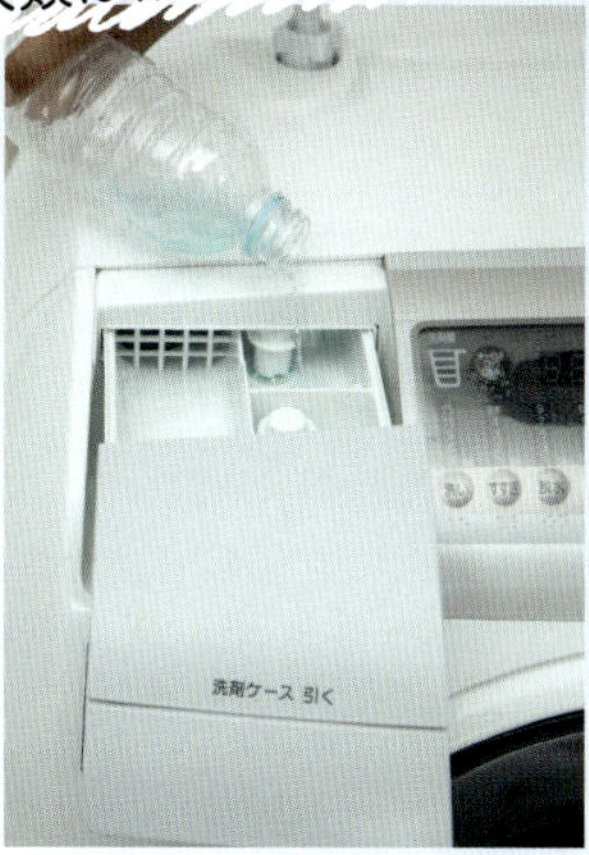

洗剤ケースの中に入れる

このひと手間で、
衣類は傷みにくくなります！

Q 水の量を多くすることができないのですが？

A ドラム式の多くは、水量を増やすことができません。その場合は、衣類を、窓の半分より下の量にしてください。

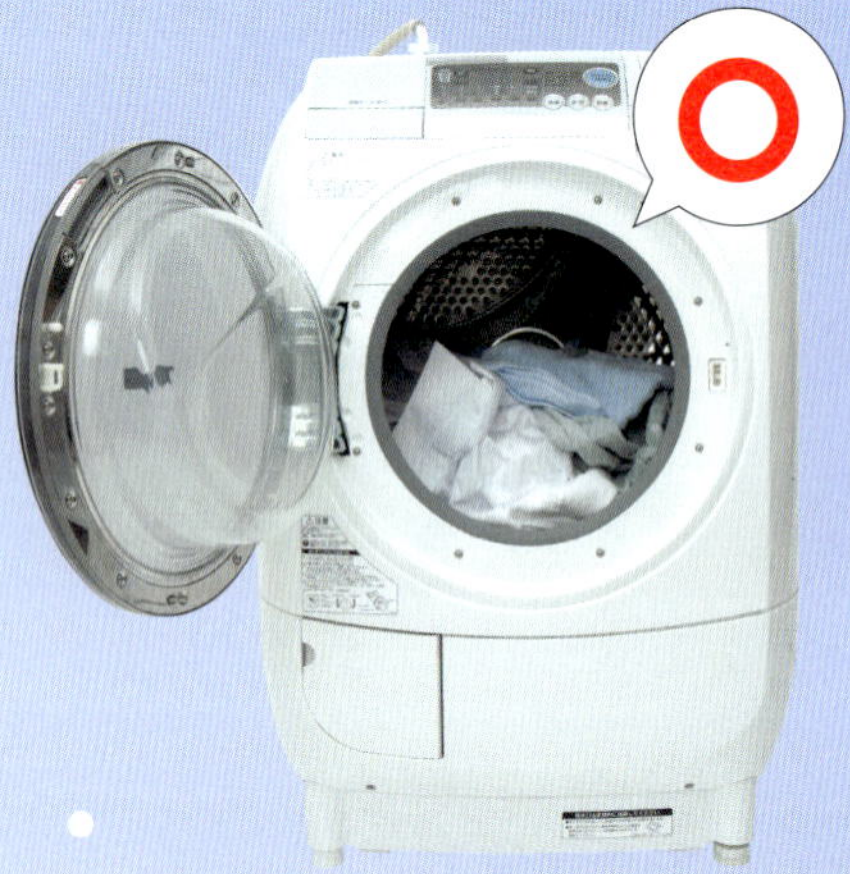

Q

脱水時間を調節できません。シャツにシワをつけない方法はありますか？

A

ドラム式は乾燥機がついていますので、乾燥と仕上げは、これをうまく活用しましょう。乾燥機を使うコツは、いったん取り出して干し、ある程度自然乾燥させたのちに、最後の仕上げとして活用することです。すると、衣類が急激な熱によって、縮んだり、シワになったりしにくくなります。

こんなにメリットがあります！

メリット①

クリーニング代が節約！

いままでクリーニングに出していたもののなかで、家で洗えるものはたくさんあります。むしろ、ドライクリーニングに出すより、家で洗ったほうがキレイになるものさえあるくらいです。

ワイシャツ、学生服、ダウン、ウールやカシミヤ、おしゃれ着、スーツ……自分で洗えば、クリーニング代は年間どれくらい節約できるでしょう？

家で洗っても失敗しない洗濯のしかた、プロ顔負けの仕上げ方を、この本で知ってください。

洗ブラ式洗濯術を始めれば、

メリット②

柔軟剤・漂白剤いらず

洗剤だけで、ふっくらとやわらかく仕上げることができます。だから、柔軟剤を買う必要はありません！

漂白剤についても同様です。わざわざプラスしなくても、洗剤だけでスッキリ汚れを落として、パキッと真っ白に洗い上げることができるのです。

柔軟剤と漂白剤に使っていたお金と、あれこれストックするために必要だったスペースは、何か別のお気に入りのために使っていただければと思います。

メリット③

生乾き臭にさよなら!

ボクらはあえて、部屋干しをおすすめしています。そのほうが生地の質感や色みが損なわれず、服が長持ちするからです。

そこで問題になる生乾き臭ですが、これは、ちょっとした工夫で改善できます。この本で紹介する方法を試していただくと、どんなにジメジメした季節でも部屋干しのイヤな臭いはしなくなるので、安心してください。

しかも、乾くまでの時間は、これまでより半分くらいに短縮できます。

メリット④

アイロンがけの手間が減る

どんなにおしゃれが好きな人でも、毎日のアイロンがけはなかなか重労働ですよね。ボクらの洗濯術は、「なるべくアイロンをかけずにすむように」というポイントも、しっかりおさえています。

仕事で着るワイシャツや制服のシャツなど、「アイロンをかけなくても見栄えがいい」と喜びの声をたくさんいただいています。

きっちりプレスして着たいときも、前よりもアイロンがけがラクになったと感じることでしょう。

メリット⑤

衣類が長持ちする

服が長持ちするかどうかは、洗濯にかかっています。

この洗濯術を守っていただくと、お気に入りの服を最高の状態で、ずっと大切に着ることができます。本当の意味で〝一生もの〟になります。

ちょっと高いな、と思う服も、いつまでも現役で長く着られるのなら、結果的に〝お得〟になります。安い服を雑に扱ってすぐにダメにするよりも、着用1回あたりの値段は安くつくというわけです。

メリット⑥

お肌にやさしい仕上がりに

赤ちゃんやもともと肌が弱い人以外にも、突然、肌が敏感になったりする人が増えているようです。

また、ゴワついた繊維が肌に触れて刺激になることもあるようです。

これは、洗剤の選び方や正しい使い方によって防ぐことができます。

いい洗濯は、肌ざわりや着心地に直結しています。きちんと洗濯をすれば、一日中、快適な気分で過ごすことができます。

洗濯ブラザーズ式の洗濯術で、
洗濯を
「やらなければいけない家事」から
「楽しい家事」にしましょう!

第2章

＼もう間違えない！／

洗濯ブラザーズ式

ちょっとの「準備」で臭いもシミもみな落ちる

この章では、第1章で紹介した

「ステップ1 準備」をより詳しく解説していきます

01

9割の洗濯物は自宅で洗える！クリーニング代を年間10万円節約した人も

クリーニングに出すべきものは、コレだけ！

ここから改めて、ボクたちの洗濯術を詳しく説明していきましょう。第2章は「ステップ1 準備」についてです。

最初にお伝えしたように、ほとんどのものは家で洗えます。クリーニング屋のボクたちが言うのだから本当です。それで年間10万円節約した人がいるのも、事実です。

では、なんのためにクリーニング屋が存在するのか。

それは、「クリーニングに出すべきもの」と「クリーニングに出したいもの」があるからです。

クリーニングに出すべきもの、つまり家では絶対に洗えないものは、次の通りです。

・**皮革、毛皮**……水に濡れると固くなる。
・**レーヨン、キュプラ**……水に濡れると縮む。
・**半合成繊維**……アセテートなど。水で洗うと白っぽく風合いが変化する。
・**光沢・シワ加工のもの**……水洗いしたあと、素材感を再現するのが難しい。

これ以外は〝自分が〟クリーニングに出したいのか、出さずに家で洗うのかを、決めていいものなのです。

たとえば、カシミヤ、アンゴラ、シルク、ダウンジャケットやウールのコート、ゴアテックスなども家で洗えます。

学生服もスーツも、羽毛布団も洗えます！

学生服も洗えます。いや、むしろ、家で洗ってほしい。

ボクたちクリーニング屋にとって、じつは学生服を着るお子さんのいるご家庭は〝おいしい〟お客さまです。必ずクリーニングに出してくれるからです。

だから学生服の依頼がくると、どんなクリーニング屋でもいい加減な仕事を絶対にしません。「学生服がこんなにキレイになるんだったら、パパのスーツも、私のコートも、冬の毛布も……」と、お得意さまになってくれるからです。

それくらい、**学生服は「絶対にクリーニングに出すもの」と思い込んでいる人が多いのですが、違います。家で洗えます。**

しかも、あとで詳しく説明しますが、家で洗ったほうがキレイになるのです。

スーツも家で洗えます。「家で洗える」とうたっていないスーツも洗えます。

ただ、仕上げがちょっと大変です。肩のあたりなどにキレイにアイロンをかけるのには難しい技術が必要だからです。家でもできなくはないけれど、それだけ手間をかけるならクリーニングに出したほうがいい、という人は多いかもしれません。

羽毛布団も家で洗えます。ただ、大きいので乾燥が大変です。これもクリーニングに出したほうがラク、と思う人がいるかもしれません。

シミ抜きはプロに任せるのがいい

取れないシミがついたものも、プロに任せるのがいいでしょう。シミ抜きは特殊な技術で、プロでないと扱いにくい薬品や特別な道具を使ってキレイにしていきます。自分で対応すると、余計にシミをひどくして服をダメにしないとも限りません。そのリスクをとって自分で対処するか、プロに任せるか。予算と手間と、服に対する愛着を天秤《てんびん》にかけて決めましょう。

この本では、**そんな大変なシミにしないための予防策**も書いています。

要するに、家でも洗えるけれど、めんどうに感じるものや、ダメにしたくない大切な服は、「クリーニングに出そう」と自分の中で線引きすればいいのです。

そうではなく、家で洗えないと思い込んでやみくもにクリーニングに出すのは、クリーニング屋が言うのもなんですが、お金がもったいないと思います。

「でも、服の洗濯表示のタグに〝ドライ〟とあるから」という方がいます。

これは「ドライクリーニングできます」という意味で、「ドライクリーニングじゃないといけません」という表示ではありません。ドライクリーニングに出すか、家で洗うか、自分で決めてください、という意味です。

洗濯表示は、各アパレルメーカーが最も慎重な基準を示していて、この通りに扱えばトラブルにならない、というリスクヘッジなのです。だから、かなり制限がきつくなっています。店員さんに聞くと、「私は家で洗っていますよ」と教えてくれたりします。そもそも、「洗濯表示なんて見たことなかった」「見方がわからない」という方のために、次のページに示しておきます。

主な洗濯表示（2016年12月から）

洗い方

	40°Cを限度に洗濯機で洗える		40°Cを限度に洗濯機で弱い洗濯ができる（下線が増えるほど弱めに洗う）
	40°Cを限度に手洗いのみ		家庭での洗濯禁止（ドライクリーニングに出す）

乾燥

	つり干しがいい		日陰のつり干しがいい
	平干しがいい		日陰の平干しがいい
	タンブル乾燥ができる（排気温度上限 80°C）		低い温度でタンブル乾燥ができる（排気温度上限 60°C）
	タンブル乾燥禁止		

漂白

	あらゆる漂白剤が使用可		酸素系の漂白剤のみ使用可。塩素系は使用禁止
	漂白剤禁止		

アイロン

	200°Cを限度にアイロン仕上げができる（一般に「高」の設定）		150°Cを限度にアイロン仕上げができる（一般に「中」の設定）
	110°Cを限度にスチームなしでアイロン仕上げができる（一般に「低」の設定）		アイロン禁止

クリーニング店へ相談

	ドライクリーニングできる（P と F はクリーニング店が使用する溶剤の違い）		ドライクリーニング禁止
	ウエットクリーニングできる		ウエットクリーニング禁止（ドライクリーニングのみ）

02

ドライクリーニングは、服を傷めないが汚れは残っている

汗の汚れはドライクリーニングでは落ちない

クリーニングに出すべきもの。皮革、レーヨン、キュプラ、アセテートなど。すべてに共通するのはなんでしょう?

水に弱いことです。

水で洗えないものは、ドライクリーニングをしなければなりません。

ところで、このドライクリーニングとはなんなのか、ご存じですか?

ドライという名称どおり、水を使わずに洗う技術です。

水の代わりに、石油系の溶剤を使います。

生地をなるべく傷めたくない服にも、ドライクリーニングは適しています。

なぜかというと、**水で洗うと、多かれ少なかれ繊維にダメージを与える**からです。石油系の溶剤というと刺激が強そうですが、じつは水のほうが生地に対する影響が大きいのです。

じゃあ、やっぱりドライクリーニングのほうがいいのかというと、そうとも言えません。

ちょっと専門的な話になりますが、石油系の溶剤は油（油性）の汚れは落とせますが、水（水溶性）の汚れは落とせません。

水の汚れとは、たとえば汗です。**汗の汚れは、ドライクリーニングでは落ちないのです。**

だからこそ、学生服は家で洗ってほしいのです。

学生服の汚れと臭いは、ほとんど汗によるものではないでしょうか？　これに対してはドライクリーニングでは意味がなく、**家の洗濯機で洗ったほうがよっぽどキレイになります。**

最近は、ドライクリーニングでは汚れが落ちないことを知って、クリーニング屋に水洗いをお願いする人が増えています。でも、やっていることは家庭と同じです。業務用の大きな洗濯機を使うだけの違いです。

洗濯物によってはドライクリーニングで油の汚れを取ってから、水洗いで汗の汚れを落とすケースもあります。

ドライクリーニング後の服の重さと、そのあとに水洗いした服の重さを測ってみたことがあります。水洗いしたほうが軽くなっていて、それが結構な違いで、びっくりしました。つまり、ドライクリーニングをしても、汗などの汚れがたくさん残っているということなのです。

クリーニング屋の洗濯は家でもほとんどできます！

繰り返しになりますが、**クリーニング屋で水洗いできるものは、家の洗濯機でも洗えます。**

意外かもしれませんが、クリーニング屋には家庭用の普通の洗濯機も置いてあります。家庭用とまったく同じウォッシュタブ（洗い桶）もあって、手洗いもしています。

つまり、ドライクリーニング以外は、家庭と同じことをしているのです。

クリーニング屋じゃないとできないことというのは、みなさんが思っているより少なくて、要するに水に弱い衣類を洗う場合だけなのです。

汗の汚れのついた学生服や、ワイシャツ、ダウンジャケット、セーターなどは、積極的に家で洗ってみてください。

それで服をダメにしないのか、本当にキレイになるのか、心配ですか？

大丈夫です。その方法を、これから詳しくお教えします。

03

洗濯物は4つに分類して洗う。シンプルだけど大切です

「ふだん洗い」「ハードな汚れ」「デリケート素材」「色もの」に分類

洗濯物を分類する。

とても単純なことですが、非常に大切なステップです。

クリーニング屋でも、必ず分類をしています。お客さまから預かった品物を一枚一枚チェックして洗い方を決めるのが、いい洗いを保証する最初の関門です。

分類せずに同じ洗い方をしてしまうと、ベストな仕上がりにはなりません。これを

まず、真似してほしいと思います。

でも、あまり細かいとめんどうですよね。家庭では4つの分類で充分です。

1、ふだん洗い

日常づかいの服や、一般的な下着・肌着、タオルなど。

2、ハードな汚れ

泥汚れ、食べこぼし、黄ばみや黒ずみなど、目に見えるほどの汚れがあるもの。

3、デリケート素材

ニット、レースなど、繊細な生地や、複雑な形・飾りのあるデザインのもの。とにかく、大事にしたいもの。

4、色もの

濃い原色の色柄もの。すでに洗ったことがあり、色落ちしないと確信できるものはほかの洗濯物と一緒に洗って構いません。

この分類で、それぞれの洗い方のコツを知れば、仕上がりが見違えるように変わってきます。

04

洗濯物はメッシュタイプの洗濯カゴへ。臭いの原因「モラクセラ菌」の繁殖を防ぐ

臭い対策は洗う前から始まっています

脱いだ服を、いつもどうしていますか？ 洗濯するまで洗濯機の中に入れておく？ 洗濯カゴの中に入れておく？

いい洗濯は、洗う前から始まっています。洗濯機の中に洗濯物を入れておくのは問題外です。臭いの原因になるモラクセラ菌という雑菌が、どんどん増えてしまいます。

部屋干し臭、生乾き臭、乾いてしばらくしてから臭う戻り臭など、すべてモラクセ

ラ菌などの雑菌のしわざです。この菌はフンのようなものを出すのですが、それがすべての臭いの元凶なのです。

そのモラクセラ菌の栄養になるのは、水分です。

だから湿気の多い洗濯機の中に入った、汗で湿った衣類は、モラクセラ菌の大好物なのです。どんどん元気になってしまいます。

菌を増やさないためには、通気性のいい環境で保管するのがいちばんです。洗濯カゴに入れましょう。しかも、**通気性がいいメッシュタイプがベスト**です。こんな簡単なことで、菌の繁殖がぐっと抑えられます。

ただし、通気性のいい洗濯カゴだから、と安心して何日もほったらかしにするのはいけません。

洗濯物は、脱いでから24時間以内に洗うのが理想です。

モラクセラ菌による臭い対策という意味でも、黄ばみ対策としても、これが最大のポイントになります。

05

ふだん洗いの洗剤選びで迷ったら、「弱アルカリ性」の「液体洗剤」を選ぶ

パッケージ裏面の成分表示に注目しよう

なぜ、洗濯物を分類すると、いい洗いができるかというと、答えは単純です。それぞれに最適な洗剤を選べるからです。

みなさんは、どんな洗剤を使っていますか？

お客さまに尋ねると、「汚れ落ちがいいもの」「香りがいいもの」「肌にやさしいもの」「とにかく安いもの」など、いろいろな答えが返ってきます。多くの方は、パッケージに大きな文字で書いてあるキャッチコピーで選んでいると思います。

それは間違いです。**洗剤選びはまず、裏面の成分表示に記された小さな文字に注目**

してください。**「液性」という項目**があり、そこに「弱アルカリ性」や「中性」と書かれています（60ページ参照）。

理科で習ったように中性はpH6・0〜8・0以下、弱アルカリ性はpH8・0〜11・0以下。この値が高いほど汚れを分解するパワーがあります。

また、液体洗剤と粉末洗剤を比べると、粉末のほうが洗浄力は高くなります。

ただし、洗浄力が高いと、それだけ生地への影響も強くなってしまいます。

こうしたことを考慮すると、次のように使い分けることをおすすめします。

①ふだん洗い＝弱アルカリ性の液体洗剤
②ハードな汚れ＝粉末洗剤
③デリケート素材＝中性の液体洗剤
④色もの＝中性の液体洗剤

粉末洗剤は、生地や肌に影響を与える漂白剤や、蛍光増白剤が入っていないものが安心です。さらに詳しい情報を知りたい方は、第5章を読んでください。

06

ほんのひと手間のプレウォッシュで、黄ばみは簡単にキレイになる

プレウォッシュを洗濯の習慣にしよう

ボクらプロは絶対にやるけれど、家庭ではほとんどしないことはなんでしょうか？
それは、「プレウォッシュ」。洗濯機に入れる前の、前処理のことです。
キレイに洗えるかどうかは、9割がた、このプレウォッシュで決まります。
洋服の持ちも、ダンゼンよくなります。

たとえば、食べこぼしなどのハードな汚れの場合、何もせず衣類を洗濯機に入れて洗っても、汚れはキレイに落ちません。そのまま時間が経つと、シミになってしまい

ます。すると、プロでもなかなか落としづらくなります。

そんなことにならないように、**プレウォッシュで汚れを「浮かす」ことが大切です**。繊維から汚れを浮き上がらせておく。このひと手間が、のちのち効いてきます。

このプレウォッシュは、ふだん洗いやデリケート素材でも、ぜひやってほしいと思います。

汚れが目に見えなくても、汗をかきやすいところには、皮脂や汗汚れがべったり付着しています。

トップスやアウターなら、「襟ぐり」「袖口」「脇」の3カ所。

ボトムスなら、「ウエスト」「股」「裾」など。

洗濯機の洗いだけでは、皮脂汚れや汗汚れは完全に落ちきらずに、だんだん蓄積されていきます。これが、時間が経つにつれて黄ばみや黒ずみに変化します。

そうなる前に、プレウォッシュの習慣をつけましょう。

やり方は52ページを見てください。

07

洗濯槽はモラクセラ菌の温床。1カ月に1回は洗浄しよう

洗濯槽が汚れていると菌が服につく

準備として必ずやってほしいことが、もうひとつあります。

洗濯の環境を整える。つまり、洗濯槽の洗浄です。


いい洗剤を使って、正しい洗い方をしているのに、部屋干しすると臭う……。そんなとき、**まっさきに疑うべきは洗濯槽の汚れ**です。

臭いの原因となるモラクセラ菌などの雑菌は、洗濯槽の裏側に住みついています。

洗濯機で洋服をキレイにしているつもりが、かえって菌を服につけているとしたら悲

しいですよね。

せっかく洗剤にこだわっても、洗濯槽が汚れていたら効果は発揮されません。

とくに湿気の多い春夏は菌が繁殖しやすいので、必ず月に1回は洗濯槽の洗浄をしてください。秋冬は3カ月に1回くらいでも大丈夫です。

さらに、次のような人は別の汚れも付着しやすいので、まめにメンテナンスしましょう。

・洗濯せっけんを使っている

せっけんと水の鉄分が結びついてカスになり、洗濯槽にへばりつきやすい傾向があります。

・柔軟剤を使っている

柔軟剤は粘度が高いので溶けにくく、やはり洗濯槽にこびりつきます。

・ドラム式洗濯機を使っている

ドラムの中で叩き洗いするので糸くずが出やすく、これも洗濯槽を汚します。

やり方は、市販の洗濯槽クリーナーの表示に従ってください。

それでも臭うときは「高級アルコール系」を選ぶ

それでも、**どうも効果がいまひとつだ、と感じる場合は、「高級アルコール系」と書かれたクリーナー**を探してみてください。これはクリーニング屋も使用するプロ仕様です。

一般のクリーナーは酸素系漂白剤を泡状にして菌を攻撃し、死滅させます。ところが、菌は死んでもそのまま洗濯槽の中に残っています。

洗濯機のメンテナンス会社の人に聞いた話ですが、定期的に洗濯槽を洗浄していても、洗濯槽の裏側を見るとひどく汚れているそうです。

結局、菌が残っていれば、また臭いは戻ります。洗浄直後はよくても、2日もするとまた臭くなるというのはこれが原因です。

それに対して、**高級アルコール系のクリーナーは、菌自体をはがし落とす効果**があります。モラクセラ菌や黒カビの菌、洗剤の固まりや汚れの残留物を根こそぎ溶解して、洗濯槽に残しません。

洗濯用の中性洗剤に高級アルコールを配合して、洗濯槽の臭い対策をうたっている製品も登場しています。

ただ、アルコールの比率が高いと生地がゴワゴワになってしまうので、洗い上がりの風合いを吟味して、選ぶようにしてください。

とにかく、洗濯槽は、ぜひ定期的に洗浄しましょう。

第3章

＼もう間違えない！／

洗濯ブラザーズ式

洗濯機 120%活用術

この章では、第1章で紹介した
「ステップ2 本洗い」をより詳しく解説していきます

08

「洗い」「すすぎ」「脱水」、服から汚れが落ちるのは、どこ？

洗濯で汚れが落ちるメカニズム

洗濯機のスタートボタンを押すと、洗い→すすぎ→脱水という流れで洗濯機が動き始めます。

「おまかせ」「よごれスッキリ」「おしゃれ着」「スピード」など、いろいろなコースがありますが、基本のプロセスは同じです。

では、洗い→すすぎ→脱水のうち、どの行程が大切だと思いますか？

「洗濯なんだから、洗いでしょ？」

たいていのみなさんは、そう答えますが、これは間違いです。

じつは、**洗濯は「洗い」の行程で汚れが落ちているのではない**のです。


洗い→すすぎ→脱水の行程は、細かくみると、次のようになっています。

洗い→脱水→すすぎ→脱水→すすぎ→脱水

準備として、「プレウォッシュ」で汚れを繊維から浮かせましたね。

次に、洗濯機の「洗い」によって、汚れが繊維からはがれていきます。ただし、まだ汚れが完全に繊維から離れたわけではありません。

洗いのあとの「脱水」で、汚れが繊維から離れます。

そして**「すすぎ」で、汚れが落ちる**のです。

このように、**「すすぎ」の行程がじつはものすごく重要なのです**。

汚れが「脱水」と「すすぎ」で落ちるまで

汚れは繊維の奥まで浸透している

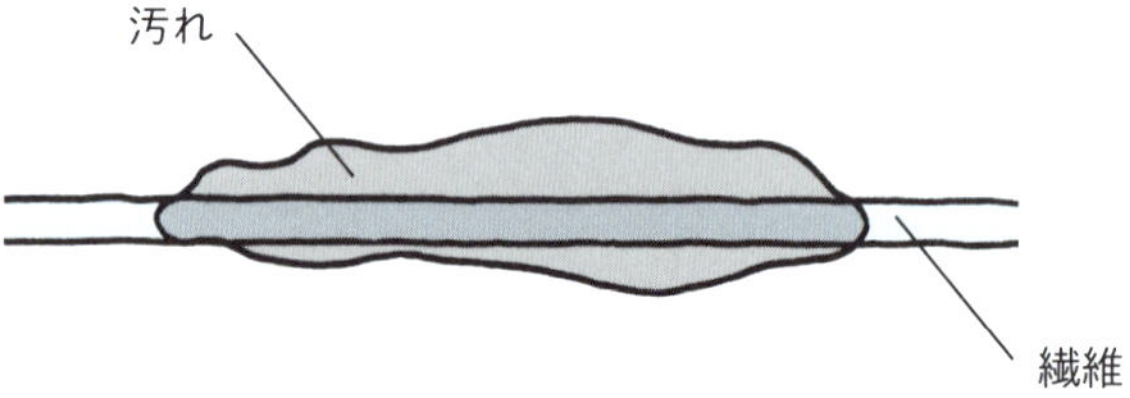

↓

STEP 1 プレウォッシュで繊維から汚れを浮かせる

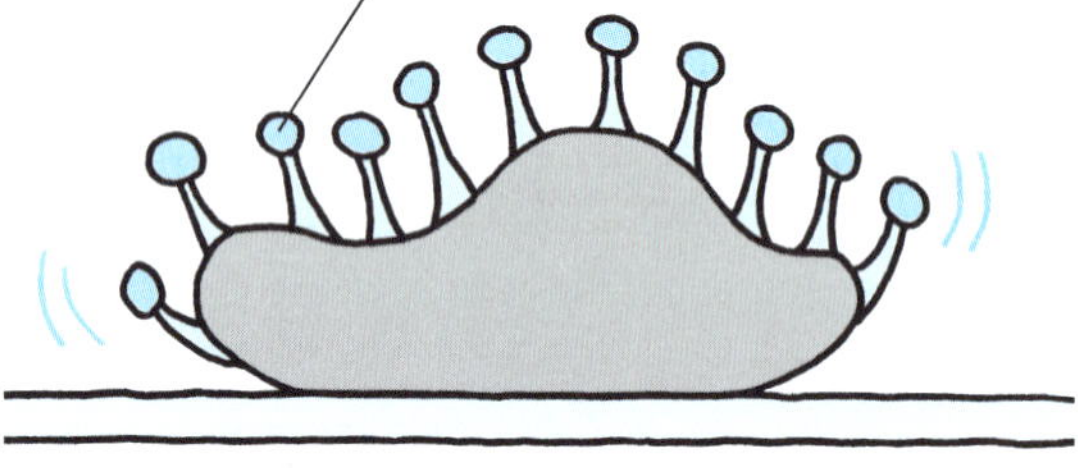

↓ 15分おく

↓

STEP 2 洗濯機の「洗い」で汚れをもっと浮かせる

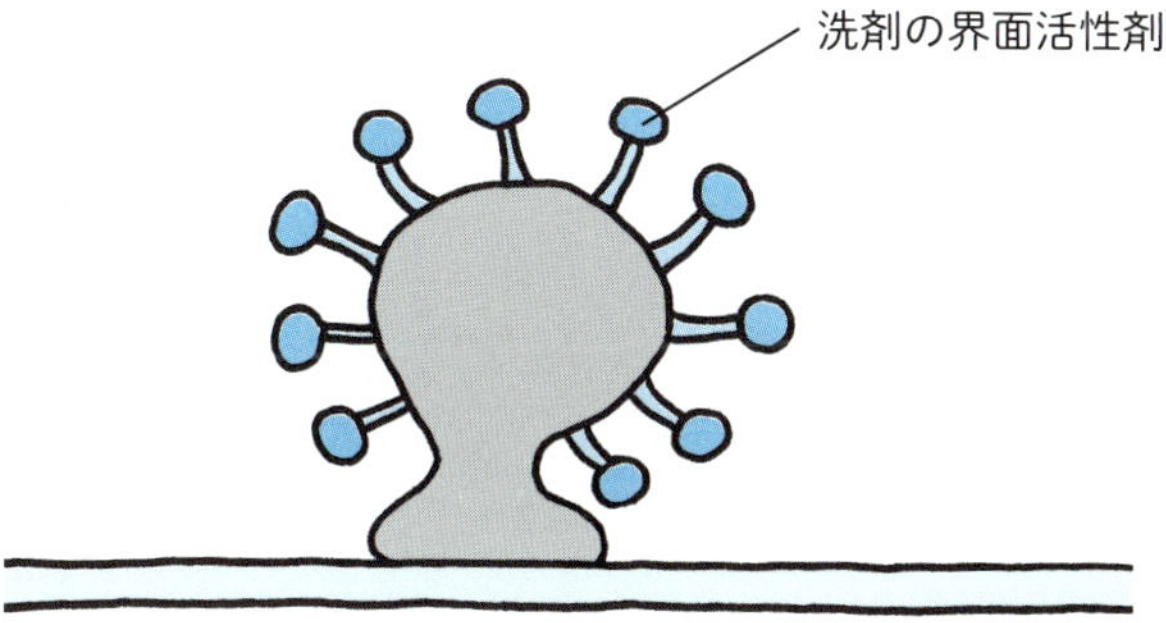

↓

STEP 3 「脱水」「すすぎ」で汚れが完全に落ちる

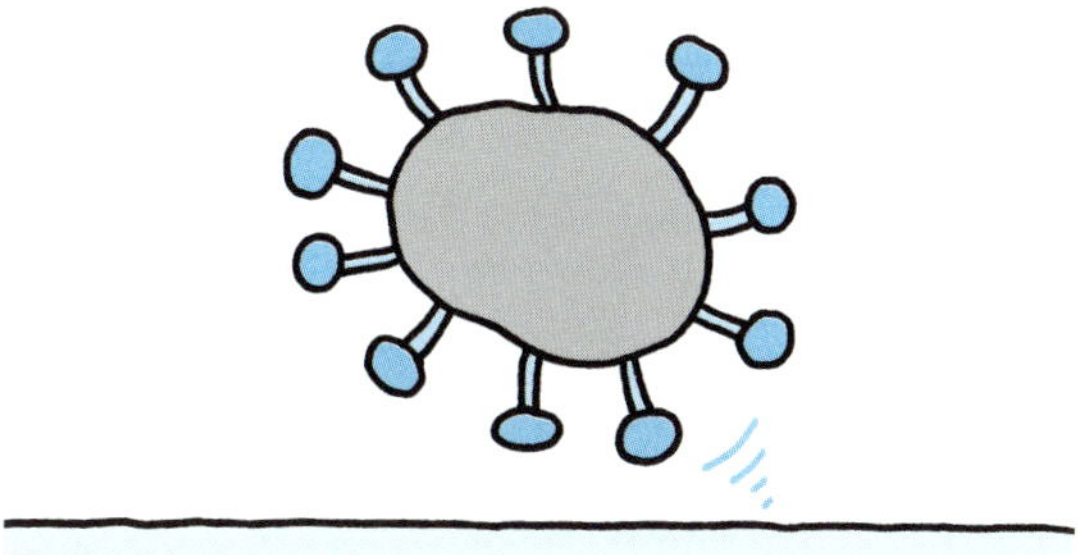

09

日本の洗濯機は節水モード。水の量は多めに設定しよう

水の量が少ないと、汚れが繊維にもどってしまう

クリーニング業に携わっている人たちの間で、よくこんな言葉が交わされます。

「家庭では、キレイなすすすぎはできないからね」

すすぎに対する本気度が、プロと家庭とでは大きく違います。

何が違うのかというと水です。水の質と、水の量。

近ごろ、「オゾン水」という特別な水で洗うクリーニング屋も増えてきました。オゾン水は、それ自体に殺菌・漂白効果があり、洗浄力の高さと、繊維へのやさしさを

兼ね備えている理想的な水です。

ただし、家庭でこれを真似るのは、とても難しいです。高額な設備が必要です。

でも、水の量なら変えられます。

ほとんどの人が、全自動洗濯機を使っていると思います。

全自動洗濯機は洗濯槽にセンサーがついていて、洗濯物の重さと体積を測って、自動で水の量を計算し、スタートボタンを押すと水がジャーッと流れてきます。

とても便利ですが、「汚れをしっかり落とす」という観点では、この便利さが仇《あだ》になっていると言わざるを得ません。

なぜなら、**日本の洗濯機は自動的に節水モードになっているからです。ボクらプロから見ると、圧倒的に水の量が足りないのです。**

節水はとても大切なことですが、**洗いの段階で水が少ないと、汚れがしっかり浮き上がってくれません。**

さらに、**肝心なすすぎのときに水が不足していると、せっかく離れた汚れが、また繊維に戻って（！）しまいます**。

部屋干しのイヤな臭いや、黄ばみ、黒ずみは、このせいで起こります。

だからプロは、水量の設定をすごく大事にしています。ここが本洗いのいちばんのポイントです。

家庭用の洗濯機なら、基本設定より水量を一段階上げるか、いっそ満水にしてもいいくらいです（洗濯物が少ない日も、です）。

そうすると洗濯槽の中で服がよく動くので、汚れがしっかり落ちてくれます。

また**ドラム式洗濯機はすすぎのとき水が少ないので、すすぎの設定を「注水」にするる**のがおすすめです。ふつうは洗濯槽にたまった水ですすぐのですが、注水は、新しい水をどんどん注ぎ入れながらすすいでくれるので、そのぶん使用する水が多めになります。

時短コースはオススメできません

ボクたちは以前、洗濯機の各メーカーさんに電話して、水量設定の根拠をヒアリングしたことがあります。ところが、どのメーカーさんも明確な根拠がありませんでした。「節水」を追求するあまり、理想の洗いやすすぎについての研究は二の次なのかな、という印象を持ちました。

言うまでもありませんが、洗濯機は「洗濯」のためのものです。汚れや臭いが落ちない、黄ばみや黒ずみになりやすいなど、洗濯に少しでも不満があるなら、これからはちょっとめんどうでも、**自分で水量を多めに設定してほしい**と思います。

洗濯機の時短コースは、ふつうの設定よりさらに水量を少なくしていることがあるので、とくに気をつけてください。

すすぎの回数自体は増やす必要はありません。ほとんどの洗濯機がすすぎ2回の設定になっていると思います。使っている洗剤に「すすぎ1回」と書いてあったとしても、すすぎは2回にするのが理想的です。

10

洗剤を水に溶かしてから衣類を入れれば生地が傷まない

水は服にダメージを与えています

もうひとつ、手動でやってほしいことがあります。

そもそも、**水自体にかなり洗浄力があります。**洗浄力があるというのは、裏を返せば繊維にとって刺激があるということです。色が抜けたり、縮んだり、傷んだりする原因になります。

そうならないように、衣類を水から保護しなければなりません。

そのために使うのは、洗剤です。

洗剤にはもちろん洗浄成分が入っていますが、しっかり水に混ぜると、衣類を水の攻撃から守ってくれるのです。

タテ型の洗濯機なら、まず洗濯槽に水を張ります。その水に直接、洗剤を入れます。そして、しばらく洗濯機を回します。これで泡が立つので、そこで初めて衣類を入れてください。

このひと手間で、洗剤がムラなく溶けて泡立ち、衣類を保護してくれます。

タオルをこのやり方で洗ってみると、いつまでも吸水性が落ちず、ふっくらした風合いが長持ちして、びっくりすると思います。

ドラム式の場合は、水と洗剤を先に混ぜることが難しいので、事前に水と洗剤を1対1の割合で混ぜたものを、洗剤ケースに入れればOKです。

このワンアクションで、服が長持ちするようになります。

11

洗濯物の量は洗濯槽の6割までにする

簡単に量をチェックする方法を教えます

せっかく水の量を多くしても、同時に洗濯物の量を増やしたら意味がありません。むしろ、水量は多くして、洗濯物の量はいままでより少なくする。それくらいの意識でちょうどいいのです。**水に対して洗濯物は6割程度、**と心得ましょう。

といっても、見た目ではわかりにくいですよね。

タテ型の洗濯機なら、洗剤を混ぜた水に洗濯物を入れて、**洗濯物を軽くこぶしで押さえたときに、水が手首の上あたりまでしっかり浸っていれば合格です。**

一回、手で測ってみれば感覚がつかめると思うので、やってみてください。

ドラム式の場合は、先に水を入れることができないので、カラの洗濯槽にまず洗濯物を入れます。

そのとき、**洗濯物の量はドラムの窓の半分以下（約15リットル）までに**しましょう。

それに対して、水量は最大量（25リットル）に手動設定します。水量を自分で変えられない機種の場合は、とにかく詰め込みすぎないこと。ドラムの中で叩き洗いをするので、パンパンに詰め込むと、それだけで洗浄効果が落ちます。

水は多めにして、洗濯物は少なくすることが、いい洗濯の絶対条件です。

12

全自動からマニュアル設定に変えると洗濯の質が変わります！

「洗い」と「脱水」の時間を設定し直そう

水量を多めに手動で設定したり、洗剤を先に溶かしたり、と「せっかく全自動洗濯機なのに」とガッカリさせてしまったかもしれませんね。

すみません、もうひとつお願いがあります。

「洗い」と「脱水」の時間を、設定し直すことです。

ふだん洗いの場合、**タテ型洗濯機なら、洗い8〜10分→水量多めですすぎ2回→最後の脱水3〜5分を基本にしてください。**

ドラム式洗濯機なら、洗い20分→注水すすぎ2回→最後の脱水3分を基本にします。

じつは、クリーニング屋でも家庭と同じ洗濯機を使うことがあります。ただし、全自動ではなく、昭和の遺産のような二槽式タイプです。

これは、設備投資を節約するためではありません。

昔ながらの二槽式の洗濯機のほうが、手動であれこれ設定しやすいからです。

ボクたちプロは、洗濯物一枚一枚、使われている繊維や装飾、デザインの複雑さに合わせて、最適な設定で最高の洗い方をします。

ボクたちは、洗濯1回ごとに、本当に1枚しか洗いません。そのつど、洗い、すすぎ、脱水の時間を手動で変えています。

全自動洗濯機がオートマ車だとしたら、二槽式はマニュアル車。車好きが走りを追求するように、ボクたちは洗いを追求しています。

ご家庭でも二槽式洗濯機がおすすめ、とまでは言いませんが、全自動の基本設定通りでなく、ちょっとアレンジしてみると、洗濯の質が変わります。

とくに**ドラム式は汚れの落ちがよくないので、洗いの時間を大幅に長くする**ことで、そのデメリットを解消します。

もちろん、すすぎの水を多めにするのも忘れずに。

脱水時間を短くして得られる2つのメリット

そして、もうひとつ大切なのは、脱水の時間です。これは、どちらも短めにします。理由は大きく2つあります。

まず、脱水をしっかりしすぎるとシワになりやすいことが挙げられます。**脱水時間を短くするだけで、アイロンがけが不要になる服がたくさんあります。**

もうひとつの理由は、生地を傷めないためです。脱水によってタオルのパイルなどはどんどん飛び抜けてしまいます。たとえば「8000円もした高価なタオルが3カ月でゴワゴワになってしまった……」といった嘆きの声をよく耳にします。

ボクらがおすすめする洗濯機の時間設定

メーカーの平均的な設定

	洗い	すすぎ	脱水
タテ型	8〜10分	節水モードで2回	7分
ドラム式	8〜10分	節水モードで2回	8分

洗濯ブラザーズ式の設定（ふだん洗い）

	洗い	すすぎ	脱水
タテ型	8〜10分	水量多めで2回	3〜5分
ドラム式	20分	注水で2回	3分

洗濯機の設定を変えるだけで、汚れが落ちやすくなり、服を傷めずに長持ちさせることができるのです。

最近の洗濯機は、自分好みの設定を記憶させておくことができる機能もついているので、ぜひ活用してください。

13

ワイシャツの脱水時間は1分で充分。シワがつかずに仕上がります

できるだけアイロンがけの手間を減らすために

毎日ワイシャツを洗う人や、アイロンがけがめんどうだ、という人におすすめの設定があります。

それは、**最後の脱水時間を「1分」に設定する**のです。

シワになりやすいものは、あえて脱水時間を1分に短くして水分を保持したままハンガーに干します。そうすると**水分の重みで、干している間に自然にシワが伸びてくれます。**

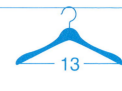

ある程度の水は切れるけれど、水分は残っている。その設定が脱水1分です。アイロンできっちりプレスしたような仕上がりを求める人にはもの足りないかもしれませんが、一般のビジネスの場で失礼にならない程度なら、「脱水1分でアイロンなし」で充分いけます。

ワイシャツに限らず、**ボクらが教える洗濯術は、「なるべくアイロンがけをしなくていいように」と考えた方法でもあります。**

なぜなら、アイロンの熱を与えないほうが服への負担が少なくなる、というのがひとつめの理由です。

もうひとつの理由は、家庭ではプロのようなアイロンがけは物理的に難しいからです。プロが使うアイロンは、ボウリングの球くらいの重さがあります。それを使ってワイシャツ一枚仕上げるのに20分くらいかけて作業します。

みなさんには、アイロンがけを頑張るよりも、キレイに洗ってラクに仕上げる方法を知ってほしいです。家事の負担がずいぶん減りますから、ぜひ試してみてください。

14

次に買い替えるとき、タテ型とドラム式、どっちを選ぶのがいい？

日本と海外では事情が異なります

日本の洗濯機はずっとタテ型が主流でした。最近は、欧米型のドラム式が増えていますが、シェアでいえばまだ8割以上がタテ型です。

これには理由があります。

日本の水道水は、軟水です。水そのものに高い洗浄力があるのです。

一方、海外は硬水のために汚れが落ちにくく、ドラム式で叩いて汚れを落とす必要があります。だから海外ではドラム式が使われてきました。

ということは、**日本ではわざわざ高価なドラム式を使う理由はあまりないのです。**

水流で洗うタテ型で充分なのです。

むしろ、ドラム式は水量が少ないので、洗浄力という点で不利になります。

何度も述べたように、いい洗濯のポイントは水量です。タテ型は満水にすれば大丈夫ですが、ドラム式は最大量にしてもまだ足りません。

でも、乾燥に関しては、やはりドラム式が優れています。タテ型で乾燥できるタイプもありますが、機能的にやはり弱いです。共働きのご家庭など、ライフスタイルによっては、ドラム式も便利であることはうなずけます。

結論として、せっかく買うならタテ型の洗濯機がおすすめ。**洗浄力に優れており、自分で設定を変えやすいことが大きな理由**です。より洗濯を楽しみたい方や、服を大切にしたい方には、こちらが合っています。

乾燥機能も欲しいなら、乾燥専用の機械を別に買うのがいいでしょう。乾燥機も今はすごく発達していて、ホームセンターで売っている1万円台の小型サイズのものでも充分乾きます。

15

白い服を黄ばませないための最適な水温は40℃

こまめに洗えば、ふだん通りの洗濯でも黄ばみません

白い服を真っ白に保ちたいからと漂白剤や強い洗剤を使うと、どうしても生地が傷みます。

それよりも、**水量をたっぷりにして、洗剤のすすぎ残しがないようにするほうがキレイになりますし、服も長持ちします。**

もうひとつは、**水の温度を上げる、**という方法があります。

黄ばみとは、皮脂や汗などタンパク質の汚れが繊維にこびりついて酸化してしまった状態です。

40℃以上のお湯で洗うと、皮脂やたんぱく質が分解されやすくなります。

水温を上げられない洗濯機もありますね。

その場合は、ウォッシュタブに40℃以上のお湯と、粉末洗剤（漂白剤、蛍光増白剤が入っていないもの）を、パッケージの裏面に書いてあるつけおきの濃度になるように入れて、洗濯物を30分～1時間ほどつけ込むようにします。

それを、洗濯機で脱水（3分以下）してから、ふだん洗いの洗濯物と一緒に洗いましょう。

いくら黄ばみの予防のためとはいえ、正直、ちょっとめんどうですよね。

常温の水でも、こまめに洗えば、黄ばみません。白い服を着たら、その日のうちに洗濯をする。そうすれば、温度を上げる必要も、漂白剤を使う必要もないのです。

16

お風呂の残り湯を使うと、雑菌が繁殖する危険がある！

イヤな臭いの原因を服に付着させています

温かいお湯で洗うと洗浄力が高いからといって、お風呂の残り湯を使うのはおすすめできません。

お風呂の残り湯には、人の肌から皮脂やタンパク質が流れ出ています。

それを使って洗濯をするということは、残念ながら、汚い水で洗っていることになります。

黄ばみを予防するために温かいお湯を使っているつもりが、かえって黄ばみの原因の皮脂や、タンパク質の汚れを倍増させてしまっているのです。

汚れとして目に見えなくても、その悪影響は臭いとなってはっきり表れます。せっかく洗っているのに、部屋干し臭や、服が湿ったときの戻り臭など、イヤな臭いの原因を付着させているなんて、悲しいですよね。

お風呂の残り湯を使うくらいなら、常温の水で洗うほうがダンゼンいいです。

常温の水でも、プレウォッシュをしたり、たっぷりの水ですすいだりすれば、これまでより格段にキレイになります。

17

【ハードな汚れはこう洗う】

1週間以内なら「汚れ」。1週間以上で「シミ」に変わる

シミに変わる前に対処するのが大切です

泥汚れや、汗でぐっしょり濡れた服、カレーをこぼしてしまったり、ワインがついてしまった服、すでに黄ばんだり黒ずんでしまった服。ここからは、そんなハードな汚れの洗濯術です。

ボクらが**「汚れ」と呼ぶのは、服についてー週間以内のもの**です。**それ以上、経過したものは「シミ」**に変わります。

「汚れ」はまだ繊維の表面についているだけの状態です。

「シミ」は、繊維の奥まで入り込み、酸化して固まってしまった状態です。

汚れの程度や種類も問題ですが、それよりも時間の経過がいちばんネックになってきます。汚れがついた、その日のうちに洗うほうがもちろんいいのです。

まずは、**汚れの部分にプレウォッシュ**をします。

ただ、汚れの種類によってやり方やコツがありますので、これについては138ページから説明していきます。プレウォッシュさえしっかりやっておけば、あとはいつも通り、ふだん洗いの洗濯物と一緒に洗濯機で洗って構いません。

ただし、**乾燥機の使用はちょっと待ってください。**

洗濯機で洗ってみて、まだ汚れが取れていなければ、漂白剤を使うか、プロに任せるかを判断します。

その前に乾燥機で熱をかけてしまうと、染色したのと同じ状態になり、二度と汚れが取れなくなってしまいます。乾燥機に入れる前に、洗い上がりの衣類の状態を慎重にチェックしましょう。

18

汚れがひどくても洗剤の量は増やさないこと

洗剤を増やすと、逆に汚れてしまう危険も

ハードな汚れでも、洗濯機に入れる洗剤の量は増やさなくて大丈夫です。

逆に、表示されている使用量より増やしてしまうと、かえって汚れが落ちづらくなります。

洗剤の量を増やすと泡が立ちすぎて、その泡が汚れを保護するほうに回ってしまいます。繊維から汚れが出づらくなってしまうのです。

しかも、水に対して洗剤濃度が高くなりすぎて、すすぎきれないという問題も生じ

ます。すでに説明した通り、すすぎがうまくいかないということは、汚れが流せないということです。

もっと悪いことに、**洗剤が残ったところから、さらに黄ばみが始まったり、部屋干し臭を起こすモラクセラ菌の栄養分になったり**します。

ハードな汚れといっても、洗剤はたっぷりの水に適量を入れるのが正解です。洗剤の裏側に表示されている使用量をしっかり守ってください。

それでも、汚れが落ちない……という場合は、いつもの弱アルカリ性の液体洗剤ではなく、粉末洗剤を試してみましょう。

液体と粉末とを比べた場合、粉末洗剤のほうが洗浄力という点では優れています。

ただし、**粉末洗剤は液体洗剤よりも繊維へ負担がかかる**のと、汚れの種類との相性があります。これについては、次のページから見てきましょう。

19

汚れの種類を見極めて、正しい対処をしましょう

汚れには「油性」「水溶性」「不溶性」がある

「シミがついてしまって」と、みなさんがクリーニング屋に衣類を持ってきます。

「なんのシミですか?」と店頭で聞いて、はっきり答えがかえってくるのはめずらしいケースです。

「なんのシミかわからない」「何か食べ物だと思うけど」「いつの間にかついていて……」という答えが大半です。

だから、ボクらは推理します。

お客さまの生活や仕事、行動などをヒアリングして、なんのシミか、シミがついた

原因は何か、などをまず考えます。

なぜそんなことをするかというと、**汚れには大きく「油性」「水溶性」「不溶性」という3種類があり、これらが混ざった複合的な汚れもあり、それぞれ対処法を変えなければいけないからです。**

その対処法には守るべき順番があって、これを間違えると汚れは取れません。

原因がわからない汚れやシミに対しては、まず推理して、攻め方を考えて、テストしてみて、確信が持てたらやっとシミ抜きの工程に入ります。

みなさんも、ただ「汚れが落ちない……」ではなく、これからはもう一歩マニアックに「水溶性の汚れが落ちない」とか「複合的な汚れだから落ちなかったのか」などと分析してみましょう。

するともっと簡単に、ラクに、効率よく、するすると汚れが落とせるようになります。クリーニング屋に頼らなければならない頻度《ひんど》も減らすことができます。

汚れの種類と対処法

1．油性の汚れ＝弱アルカリ性洗剤のプレウォッシュで対処

口紅、マニキュア、マスカラ、ファンデーション、ボールペン、水性ペン、蛍光ペン、クレヨン、絵の具、油粘土、朱肉、ごま油、ドレッシング、チョコレート、機械油など

2．水溶性の汚れ＝水洗いで応急処置

コーヒー、お茶、ジュース、赤ワインほか酒類、しょうゆ、牛乳、卵、汗、尿、血液、花粉、草の汁など

3．不溶性の汚れ＝弱アルカリ性洗剤のプレウォッシュ後、粉末洗剤を溶かした洗剤液につけおき

泥、ちり、ほこり など

4．複合的な汚れ＝油性の汚れ→水溶性の汚れの順に対処
（油性＋水溶性）

カレー、ミートソース、焼き肉のたれ、ケチャップ、ドレッシング など

5．複合的な汚れ＝不溶性の汚れと同じ
（油性＋不溶性）

チューインガム、自転車のチェーンの油 など

複合的な汚れのイメージ図

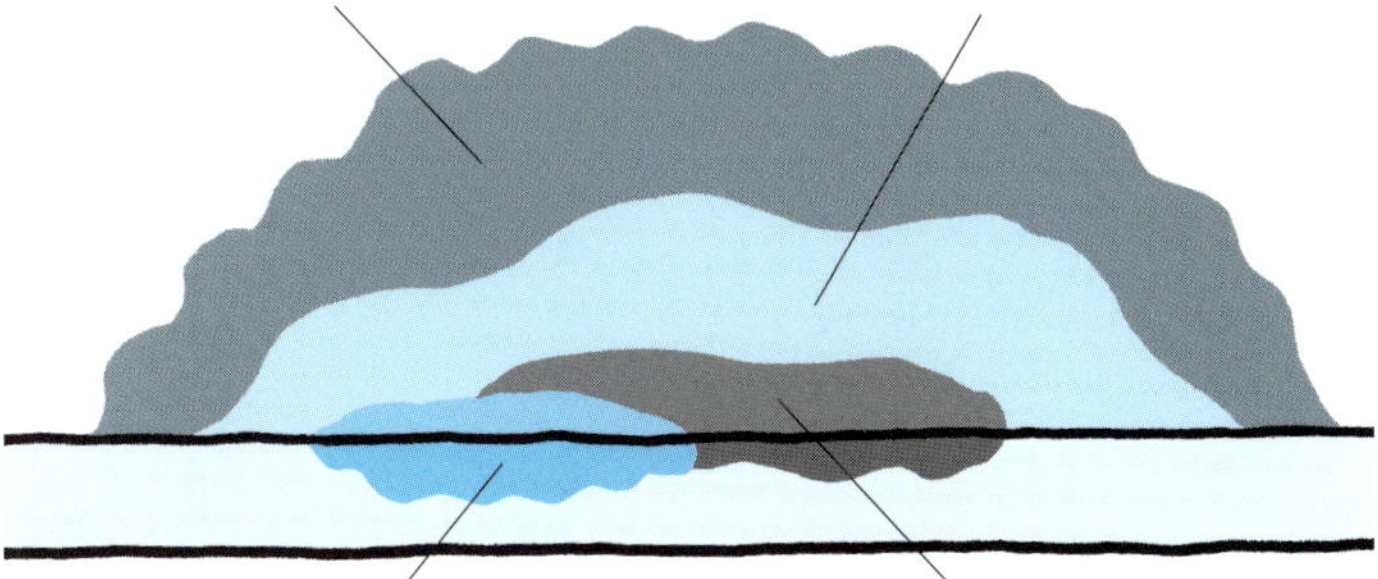

日常生活でつく汚れのほとんどは、
この図のようにさまざまな種類の汚れが混ざっています。
なんの汚れかわからないときは、油性の汚れが取れる
弱アルカリ性洗剤のプレウォッシュで対処してください。
次のページより、詳しく解説していきましょう。

20

ボールペンや口紅など油性の汚れは、プレウォッシュで対処する

洗剤原液よりプレウォッシュ液のほうがいい

口紅やペン類など、油分の多い汚れは「油性の汚れ」です。

これを落とすためには、まず、ふだん洗い用の弱アルカリ性の液体洗剤を使います。**洗剤と水を1対1の割合で混ぜたプレウォッシュ液を汚れの部分につけて、ブラシでトントンと叩きます。**洗濯用ブラシがなければ、歯ブラシでも構いません。

ここで、しっかり叩いておきましょう。汚れを完全に落とすためには、10～15分くらいかかります。それでも落ちない汚れは、40℃のぬるま湯に弱アルカリ性洗剤を溶かしたウォッシュタブで、もみ洗いをします（詳しくは145ページより）。

ブラシを使うときは、こするのではなく、叩くのがコツです。こすってしまうと摩擦で生地が傷んでしまうので注意してください。

洗剤原液を使うのではなく、水で割ったものをつけるのがポイントです。

原液だとその洗剤成分が生地に入り込んで、すすいでも残ってしまいます。そのせいで、輪染みができてしまうことがあります。

ひどい汚れだからと濃度を濃くするより、1対1の割合で混ぜたもののほうが有効なのです。

台所用の中性洗剤を使うという裏ワザが、ネットなどに出ているようですが、ボクらとしてはおすすめしません。

台所用洗剤は、かなりしつこい油汚れに効果があるように作られているので、油汚れは落ちるかもしれませんが、生地の色が飛んでしまったりなど、リスクがあります。

やはり洗濯用に開発されている洗剤がベストです。

21

コーヒーやしょうゆなど水溶性の汚れの応急処置の注意点

22時間以内に洗いましょう

出先で**コーヒーやしょうゆなどの「水溶性の汚れ」をつけてしまったときは、**とりあえず応急処置として**少量の水ですすぐか、乾いた布やティッシュペーパーで汚れの水分を取って**おきます。

こすると汚れが広がるので、軽く押さえる程度にしてください。また、レストランなどの**おしぼりには除菌成分が含まれていて、これで拭くとかえって汚れが落ちづらくなるので、それも避けて**ください。

その後、**帰宅してからは、油性の汚れと同様に、プレウォッシュ**をしましょう。

水溶性の汚れは、理屈でいうと水洗いで落ちるのですが、**日常生活の汚れのほとんどは、油性と水溶性の汚れ、色素がミックスされた「複合的な汚れ」**になっています。

カレーやミートソース、焼肉のたれ、ケチャップ、ドレッシングなどはどれも、油性の汚れと水溶性の汚れが混ざっています。これらを細かく分析すると、水溶性の汚れの上に、油性の汚れの膜がはっている状態になっています。そのため、**まずプレウォッシュで油の汚れを溶かす**必要があります。

その後、40℃のぬるま湯に弱アルカリ性洗剤をウォッシュタブに溶かして、汚れの部分をもみ洗いしてください。すると、油性も水溶性の汚れもキレイになります。

注意していただきたいのは、「血液」の汚れです。血液の汚れを洗うとき、40℃のぬるま湯を使うと血液が固形化して取れなくなってしまいます。常温の水で対処するようにしてください。

また、汚れがついてから22時間以上経過すると、汚れが酸化して、落ちにくくなってしまいます。汚れがついたその日に洗うようにしましょう。

22

泥や黒ずみなどの不溶性の汚れは、粉末洗剤を溶かしてつけおきをする

目に見えて汚れが落ちると楽しくなってきます！

油性でも水溶性でもない汚れがあります。**油にも水にも溶けない汚れで、「不溶性の汚れ」**といいます。

泥汚れがその代表です。砂場で遊んだ服や、スポーツのウェア、靴下の黒ずみ、掃除をしてちりやほこりで黒くなった雑巾など、こうした汚れは繊維に溶けるというより、かたまりのまま繊維にこびりついているイメージです。

これらに対しては、**粉末洗剤で対処**します。

液体洗剤より洗浄力は高いので、こうした汚れに有効です。

まず、いつものプレウォッシュ液をかけたあとで、汚れの目立つところをブラシでトントンと叩いてください。汚れが見えなくなるまで、15分くらいがんばります。

次に、ウォッシュタブに40℃以上のお湯と粉末洗剤を入れて、洗濯物を30分～1時間ほどつけ込むようにします。洗剤の量は、パッケージの裏面に書かれている「つけおき」の濃度の通りにしてください。

ブラシだけで完全に汚れが取れなかった場合は、つけ込んでいる間にもしっかり手でもみ洗いします。

大変そうに感じるかもしれませんが、やっていると目に見えてキレイになってくるので、だんだん楽しくなってきます。

それを、洗濯機で脱水（3分以下）します。

それから洗濯機で、ふだん洗いの洗濯物と同じ設定（121ページ）にして洗います。

タテ型洗濯機なら、つけおきした洗剤液ごと洗濯槽に流し入れても大丈夫です。

さまざまな汚れが混ざってる場合は、どうする？

不溶性と、油性が混ざった汚れの場合は、油性→不溶性の汚れの順に落とします。

最初に、プレウォッシュして油性の汚れを浮かしてから、粉末洗剤を溶かしたお湯につけおきして不溶性の汚れを落とします。

つまり、前のページで説明したやり方のままで結構です。

なんの汚れかよくわからないときも、この順番でやってみてください。

ハードな汚れの落とし方のまとめ

STEP 1 汚れている部分にプレウォッシュする

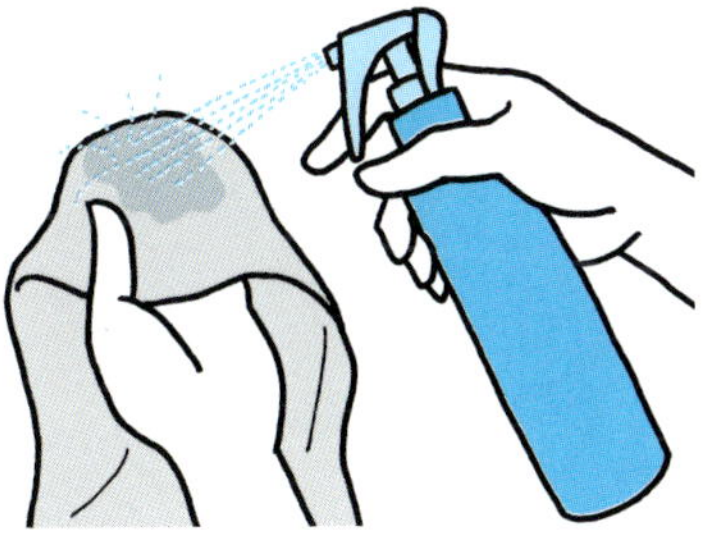

汚れの種類にかかわらず、弱アルカリ性の液体洗剤と水を1対1の割合で混ぜたプレウォッシュ液を、汚れている部分に3、4回スプレーしてください。
全体的に汚れている場合は、プレウォッシュ液がまんべんなく行きわたるようにしましょう。

STEP 2 ブラシでトントントンと叩く

厚手の靴下など丈夫な生地は、ブラシで叩いたあとにシャッシャッシャッとこするようにして、繊維の汚れを浮かせます。STEP1、2を繰り返して、15分くらい続けてください。

STEP 3 40°Cのぬるま湯を用意して洗剤を溶かす

油性と水溶性の汚れの場合は、弱アルカリ性の液体洗剤を溶かします。不溶性の汚れの場合は、粉末洗剤を溶かしてください。洗剤の量は、パッケージの裏面に表示されている「つけおき」の使用量か、やや少なめで。

血液の汚れの場合は、
40℃ではなく常温の水を
用意してください

STEP 4 部分汚れは、洗剤液をつけて、もみ洗いする

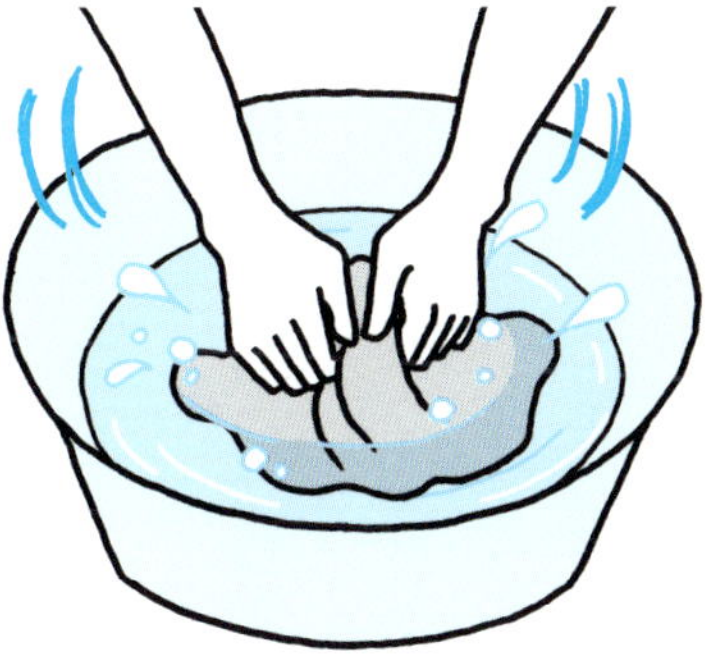

汚れた部分に洗剤液をつけて、両手でもみ洗いをします。何度か繰り返すと、きれいに汚れが取れます。その後、洗濯機でふだん通りに洗ってください。

STEP 5 全体汚れは、洗剤液に30～60分つけ込む

全体に汚れている場合は、洗剤液に1時間弱つけ込んでください。その後、洗濯機で1回脱水（3分）してから、ふだん通りに洗いましょう。

23

それでも汚れが残ったら、酸素系漂白剤で部分洗いする

漂白剤はあくまで最終手段

ここまでやってみて、それでも取れない汚れはどうするか？　選択肢は２つあります。漂白剤を使うか、プロに任せるかです。

漂白剤を使うとしたら、ようやくここで初めて試します。汚れや臭いがひどいからといって、毎日のように漂白剤を使うのではなく、ここまでの洗い方をやってみて、ダメだったものに対してだけ、漂白剤を使うのです。しかも、まずは酸素系漂白剤（２０８ページ）から試しましょう。

汚れの種類に合わせてプレウォッシュして、もみ洗いもし、洗濯後に乾かした。それでも汚れが残っている。黄ばみや黒ずみがある。それをリセットするための**漂白剤は、あくまで最終的な手段と心得て**ください。

なぜかというと、漂白剤は刺激が強いので、繊維がダメになってしまうリスクがあるからです。

たとえば、古いレースのカーテンを真っ白にしたいとします。カーテンは紫外線をたっぷり浴びて生地が弱っているので、漂白剤につけた瞬間にボロボロになってしまうことがよくあります。

新しいワイシャツでも、洗濯のたびに漂白剤を使ったら1年以内にかなり劣化します。だから、必要なときにだけ使ってほしいのです。

大事な服なら、漂白剤を使わず、クリーニング屋に任せたほうが無難です。シミ取りは専門技術で、プロにしか扱えない薬品や技術、ノウハウがあるからです。

24

【デリケート素材、色ものはこう洗う】

洗濯機でおしゃれ着を洗うコツ

洗いと脱水の時間を、デリケート素材用に設定する

洗濯と洋服を愛するボクたちとしては、デリケートなおしゃれ着は本来なら手洗いをおすすめしたいです。けれど、なかなか難しい事情もわかります。「家庭での洗濯禁止」の洗濯表示があるもの以外なら、洗濯機で洗っても構いません。

衣類にもっとも刺激のない、中性の液体洗剤を用意してください。

洗濯機の設定は、各メーカーで「おしゃれ着」「デリケート」「手洗い」「クリーニング」など、いろいろな呼び方がありますが、どれも通常コースと水の流れ方が違い

ます。これらのコースは、水をかすかにゆり動かして衣類をやさしく泳がせる洗い方で、衣類が傷むのを防ぎます。ぜひ、活用してください。

脱水は「低速回転」を選べる機種は、それを選びましょう。

それが選べなくても、洗いと脱水の時間は手動で設定します。

洗い3分→脱水1分→すすぎ1回→脱水1分

タテ型洗濯機もドラム式も同じ。これがおしゃれ着洗いの理想です。

すすぎ時間に関しては、どのメーカーも選べないのが普通です。だいたい5〜7分の設定になっています。

プレウォッシュは、ふだん洗いと同様にしておきましょう。

色落ちを避けたい色ものは裏返しにして、デリケート素材と同様に洗います。

そして、**必ず洗濯ネットに入れて洗って**ください。

25

洗濯ネットの空きスペースは、結んで衣類が動かないようにする

スカスカもギュウギュウもNGです！

シルク、ウール、カシミヤ、アンゴラなどの動物性繊維のものは、必ず洗濯ネットに入れてください。こんな単純なことで、縮みを防止できます。

シャツやブラウスなど、シワをつけたくないものも洗濯ネットへ。女性の下着など、型崩れを避けたいものも洗濯ネットに入れます。**色ものも同様**です。

本来なら、すべての服を洗濯ネットに入れて洗ってほしいくらいです。

クリーニング屋では、一枚一枚、すべて洗濯ネットに入れています。家庭用と同じ洗濯ネットです。

ただ、家庭ですべての服を洗濯ネットに入れるとなると、何枚ネットがいるのかという話になりますので、大切にしたい服だけでも、ぜひネットを使いましょう。

ただし、ネットの使い方にもコツがあります。

大きいネットに服を入れてスカスカした状態では、結局、ネットの中で繊維がこすれてしまうので、意味がありません。シワや型崩れを防ぐことができなくなってしまいます。それを防ぐために、**洗濯ネットに服を入れたら、余っている部分は縛って（59ページの写真参照）、ネットの中で服が動かないように**してください。

反対に、小さいネットにギュウギュウに詰め込むのは逆効果。洗剤液が衣類に浸透しにくいため、汚れが落ちにくいばかりか、かえってシワになってしまいます。

シャツやズボンなどは、めんどうでもキレイに折りたたんでから洗濯ネットに入れましょう。洗い上がりのシワや縮みが防止できます。

あとでアイロンをかける手間に比べたら、こちらのほうがラクですよ。

26
手洗いするときも洗濯機で脱水する

手洗いは意外と簡単だからやってみよう

ここまで洗濯機を使った洗い方を紹介してきましたが、大切なおしゃれ着を、長く、美しく着続けるためには、手洗いしてほしい、というのがボクらの本音です。
たとえばニット1枚、シルクシャツ1枚、下着くらいなら、洗濯機でふだん洗いとおしゃれ着洗いの二度に分けて洗うより、手洗いしたほうがラクではないか、と思うのです。一度やってみると、わかっていただけると思います。

手洗いというとハードルが高そうですが、ウォッシュタブの中で押して沈めるだけ

です。でも、みなさん、「キレイに洗えていない気がする」「絞るのが大変」と言って手洗いを嫌がります。ここにも誤解があります。

手洗いしても、絞るのは洗濯機に任せます。要するに、脱水にかけるのです。10 7ページで、「洗い」で汚れをゆるめて、「すすぎ」と「脱水」で汚れを落とす、と述べました。デリケートな素材でも、洗濯機で脱水したほうが汚れが落ちます。脱水しないと、繊維に洗剤が残って、すすいでも、すすいでも、泡立ちが止まりません。

では、実際にニットを洗ってみましょう。

使うのは、中性の液体洗剤です。

用意してもらいたいのは、ウォッシュタブ。薄くて小さな服なら洗面器でも洗えますが、なるべくたっぷりの水を使いたいので、ウォッシュタブがおすすめです。

襟、袖口、脇や、汚れている部分は、プレウォッシュしておきましょう。

デリケート素材の手洗いのしかた

STEP 1 ぬるま湯（30℃以下）に中性洗剤を入れて、よく混ぜる

洗剤の量は裏面に表示されている「手洗い」の使用量か、やや少なめにします。

衣類の汚れが気になる場合は、
中性の液体洗剤と水を
1対1の割合で混ぜた液で
プレウォッシュして15分ほど
おいておきましょう

STEP 2 3分ほど押し洗い

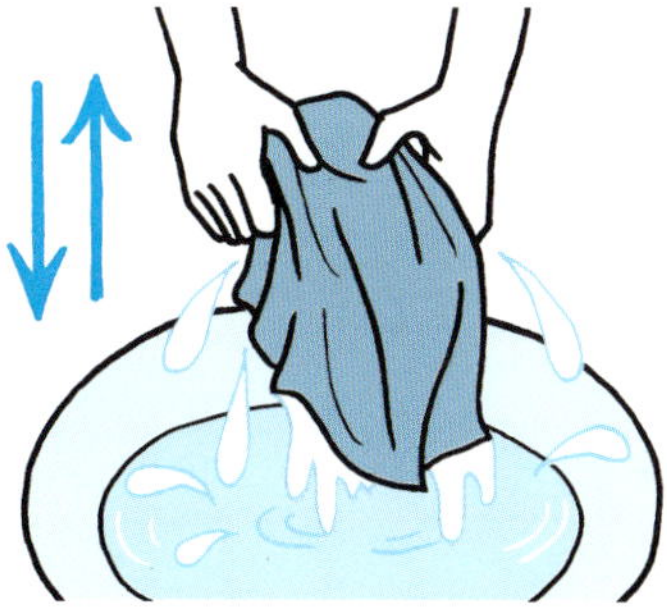

両手でチャポチャポと沈めては水からあげてジャーッと水気を落とし、また沈めてはあげて……と続けていると汚れが出てきます。同じ洗剤液で、2～3着洗えます。

STEP 3 洗濯ネットに入れて、洗濯機で脱水1分

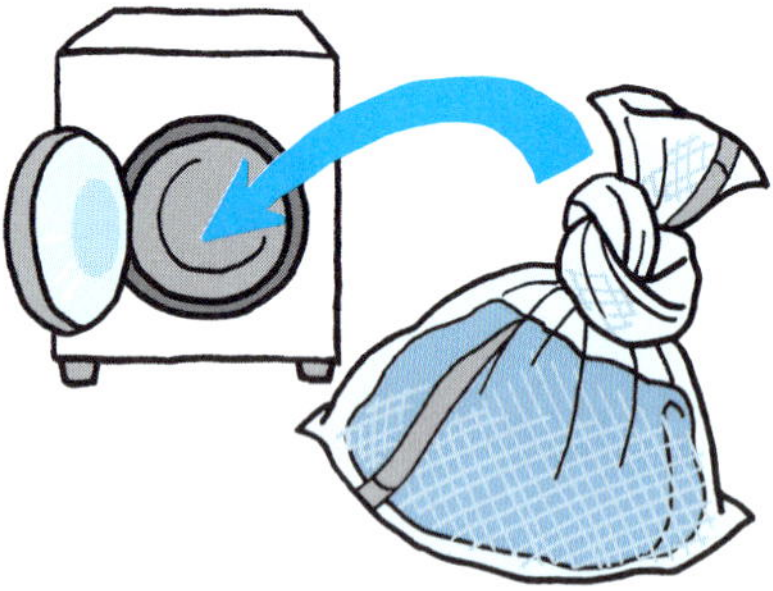

洗濯ネットに入れ、ネットのあまった部分をしばり、洗濯機で脱水します。ここで汚れがはがれ落ちます。

衣類が少なくて
うまく回らないときは
バスタオルを一緒に
入れてください

STEP 4 キレイな水ですすぎ

衣類をネットから出して、新しい水ですすぎます。押し洗いと同じ要領で。

STEP 5 洗濯機で脱水30秒〜1分のあと、干す

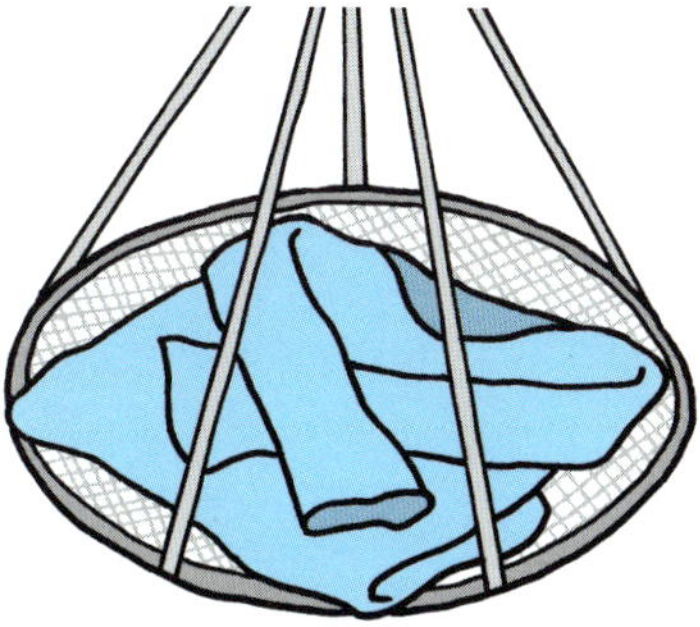

洗濯ネットに入れて、ネットのあまった部分をしばり、基本は1分脱水。ニットは型崩れしないように平干ししてください。コートやスーツもこのやり方で洗えます。最後の脱水を30秒にして、水滴が落ちない程度に水気を残してハンガーで干します。

27

スーツや学生服、ダウンジャケットも家で洗えばキレイになる!

おウチで洗えば、汗の汚れもしっかり落ちます

ここまでのやり方を知っていれば、どんなものも自分で洗えます。皮革、レーヨン、キュプラなど水に弱いもの以外は、家で洗ってみましょう。

たとえば、**スーツや学生服。汗の汚れにまみれています。**いままでドライクリーニングに出していた人も、家で洗ってみてください。汗の汚れも臭いもすっきり取れて、気持ちよく仕事や学校に行けます。

汗の汚れは裏面にたまるので、必ず裏返して洗いましょう。

ズボンは縫い目（割り）をそろえて三つ折りにたたみ、ネットに入れます。

スカートのプリーツは、洗濯機で回すと、どうしてもぐちゃくちゃになるので、手洗いをおすすめします。


ダウンジャケットも家で洗う人は少ないようですが、手洗いするとすごくいいですよ。ダウンは水に棲む鳥の羽根ですから、水に強いので大丈夫です。

ダウンを着ていると、みなさん結構な汗をかいています。ダウンがベタッとなってきた、ふんわり感がなくなってきた、というのは、ダウンが汗を吸収してしまっているせいです。洗ってキレイに落としましょう。

詳しい洗い方は次ページをご確認ください。

洗ったら、ハンガーに吊るして半乾きさせます。そのあとに乾燥機に30分くらいかけるとダウンがふわっと復活します。

ダウンジャケットを洗うコツ

STEP 1
プレウォッシュする

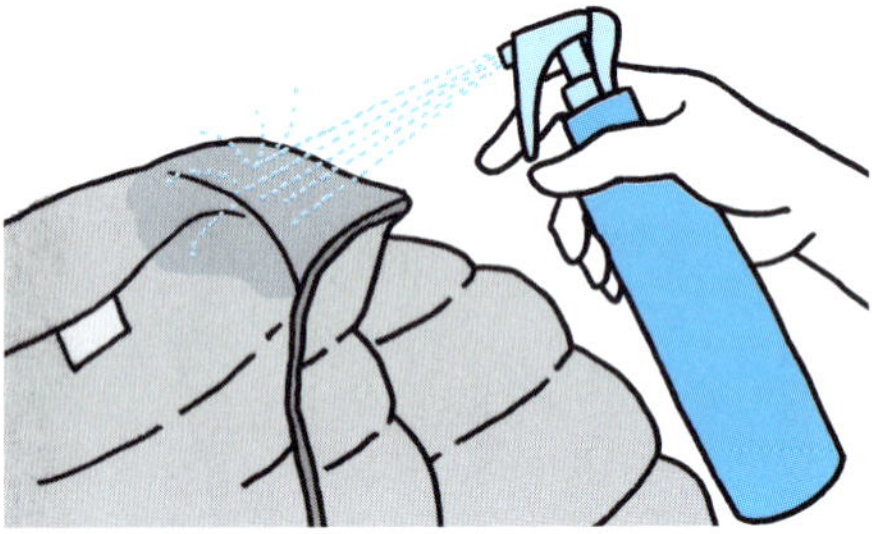

襟ぐりや袖口、脇など、汗や汚れがつきやすいところに、弱アルカリ性のプレウォッシュ液をかけてブラシで叩きながらなじませます。意外に汗をたくさんかいているので、目に見えた汚れがなくても3分ほどブラシで叩きましょう。汚れがついていれば、15分ほど行います。

STEP 2
ぬるま湯（30〜40℃）に中性洗剤を入れて、よく混ぜる

①のプレウォッシュでは、表面の素材は化学繊維なので弱アルカリ性洗剤を薄めたものを使いますが、②では、中の羽毛まで染み込ませるため中性洗剤を使います。

STEP 3 ダウンを小さくして中の空気を抜く

ファスナーを閉めてから、ギューッと丸めて小さくします。中の空気が抜けていないと、なかなか水に沈みません。

STEP 4 洗剤液を吸わせる

ギューッと体重をかけて水に沈ませ、中の羽毛にじっくりじっくり水分を吸わせます。ダウンというよりウインドブレーカーのようにペラペラになるまで続けます。大変なら、漬け物用の重しや、大きめのバケツやボウルに水を入れてのせてもいいです。

STEP 5 手で絞る

かなり汚れた水が出てきますよ。④と⑤を２〜３回、繰り返します。

STEP 6 洗濯ネットに入れ、洗濯機で脱水→すすぎ→脱水

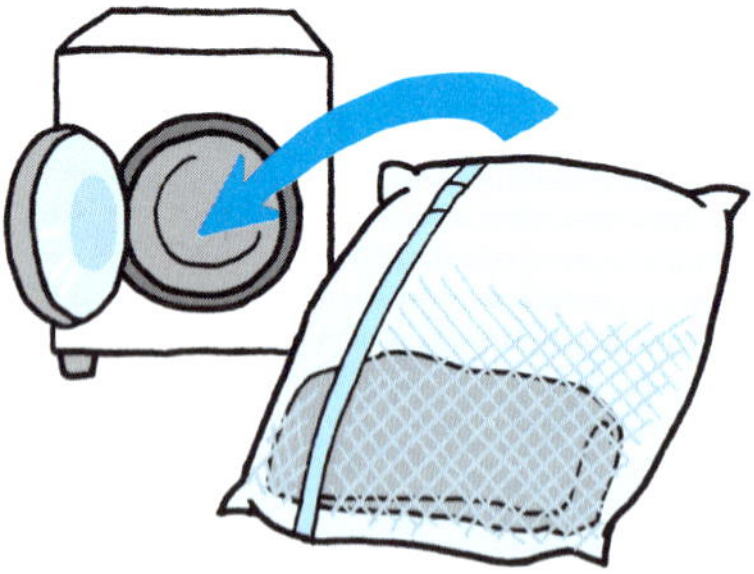

なるべく大きな洗濯ネットに入れて、あえてしばらず、洗濯機へ。ダウンを踊らせるようにすすぎます。

第4章

＼もう間違えない！／

洗濯ブラザーズ式

アイロンいらずの乾燥術

この章では、第1章で紹介した
「ステップ3 乾燥・仕上げ」をより詳しく解説していきます

28

服を長持ちさせるには部屋干しがオススメ

晴れの日が洗濯日和《びより》だなんて大間違い！

さあ、乾燥と仕上げをしましょう。

いかにキレイに仕上げるか。服を傷めず長持ちさせるか。効率よく乾かすか。そんな視点で、ボクらのノウハウをお伝えします。

じつは、クリーニング屋で人件費がかかるのは、この仕上げの部分です。その手間をいかに少なくしてクオリティを上げるか、というのは業界の課題であり、そこにコンサルティングとして切り込んだのがボクたちの父親でした。

そのノウハウは、ご家庭での悩みの解決にも通じています。

というわけで、ここもボクらにおまかせください。

いきなりですが、**みなさんが最も間違っていること、それは、「青空の下で洗濯物を干す」ことです。**今日から、これはやめましょう。

晴れた日に屋外で干すと、衣類は紫外線にガンガンさらされます。直射日光が肌によくないのと同じで、服にとってもとても危険な行為なのです。

とくに**濃い色のものは紫外線にめっぽう弱く、これを続けていると色があせてしまいます。部屋の中でも日当たりがいいところで干すなら、衣類を裏返しておいたほうがいい**です。

部屋干しすると、季節によっては花粉やPM2・5などの有害物質から衣類を守ることができて、一石二鳥です。

え？　部屋干しの臭いが気になる？

大丈夫。乾燥のメカニズムを知れば、部屋干しのイヤな臭いは発生しませんから。

29

部屋干しでイヤな臭いがするのは、キレイに洗えていない証拠です

洗ブラ式の洗い方なら臭いはしません！

部屋干しのイヤな臭い。それは干し方以前に、洗い方に問題があります。

ボクらが「いい洗い」かどうかを判断するとき、目で見える汚れがそのまま残っているのは論外として、部屋干しで臭いがするかどうかがバロメーターになります。

臭いの元となるモラクセラ菌は、しっかり洗えていれば殺菌できます。

ところが、なんとなく洗濯機を回しているだけでは、モラクセラ菌は分解されず、流れ落ちてくれません。

なので、ここまで伝えてきたポイントを守って、この菌を退治しましょう。

・洗濯槽を定期的に洗浄する
・洗濯物は洗濯機の中に入れずに、メッシュなど通気性のいい洗濯カゴに入れる
・プレウォッシュで汚れを浮かす
・「水→洗剤→洗濯物」の順に洗濯機に入れる
・洗濯物は洗濯槽の6割しか入れないようにする
・たっぷりの水で洗い、すすぐ
・できるだけ24時間以内に洗濯する

以上をおさえつつ、これから紹介する干し方をすれば鬼に金棒です。もう部屋干しは怖くなくなります。正しい洗い方と干し方の合わせワザで、イヤな臭いを撃退しましょう。

「部屋干し用」をうたった洗剤も出ていますが、わざわざ使う必要はありません。ふだん洗い用の弱アルカリ性の液体洗剤で充分、対応できます。

それよりも、できれば脱いだその日のうちに洗濯ができれば理想的です。

30

生乾き臭の原因「モラクセラ菌」は皮脂と水分をエサにして増殖している

早く乾かせば、菌は増えず、臭わなくなります

モラクセラ菌について、もう一度、おさらいしておきましょう。

モラクセラ菌などの雑菌は、衣類に残っている汚れをエサにして増殖します。汚れとは、具体的には皮脂のことです。

これを蓄積させないために、とにかくまめに洗濯することが、大切です。

モラクセラ菌などの雑菌には、もうひとつ**大好物があります。**

水分です。

洗濯物を通気性のいい洗濯カゴに入れるのは、少しでも湿気をためないためです。湿気がこもる洗濯カゴや、ましてや洗濯機の中に入れておくと、モラクセラ菌などの雑菌がどんどん元気になってしまいます。

ということは、洗ったあとも当然、衣類に水分があるのですから、落としきれなかったモラクセラ菌などの雑菌がどんどん増えていくことになります。

それを防ぐには、なるべく短時間で乾かすこと。**早く乾かすほど、臭いの発生は抑えられます。**

これからお伝えする通りに干していただくと、乾燥時間はこれまでより半分くらいに短くなります。

31

目標タイムは5時間以内。部屋の環境を整えれば簡単です

厚手のものも早く乾きます

水分のあるところで、モラクセラ菌などの雑菌は増殖します。それを防ぐためには、洗濯後5時間以内で乾かすのが理想といわれています。

そのために、いちばん大切なことは部屋の環境です。

「湿度」と「温度」、それに「風」。この3要素が大切になります。

まず、**湿度は40%以内**であること。あとで詳しく説明しますが、この環境を人工的につくります。

温度は、人が快適に感じるくらいが洗濯物にとってもベストです。**夏場のエアコンは27℃くらい、冬なら20℃くらい**に設定していると思いますが、その温度が最も早く乾きます。

そこに、**適度な風を送れば完ぺき**です。これもサーキュレーターや扇風機の力を借ります。

以上が備わっていれば、バスタオルや厚めのスウェットなど、ふつうは乾くまでに6～7時間かかるところを、3～4時間に短縮できます。

それだけモラクセラ菌の発生リスクが抑えられて、部屋干し臭が出なくなるのです。

32

除湿機とサーキュレーターを活用して、乾燥時間を一気に短縮!

除湿機は部屋干しの必須アイテム

湿度、温度、風。理想的な部屋干しの環境をどのように整えるか、その方法を述べていきます。エアコンは温度管理もできますし、乾燥した風で空気中の湿度も下がり、風の流れができるので、洗濯物が乾きやすくなります。

ただ、湿度については、これだけでは不充分です。

プラスで除湿機を使えば、ぐっと乾燥時間が短くなります。

たとえば、1レーン(約90センチ幅)の洗濯物を干すときに除湿機を使うと、タンクに2リットルも水がたまるのです。

空気中からこれだけの水分を除くのは、エアコンだけでは無理があります。**除湿機を持っていなければ、これは買って損のない投資です。さらに、風を送るためのサーキュレーターや扇風機があれば完ぺきです。**

除湿機はさまざまなメーカーから出ていますが、空調製品に特化したメーカーの空気清浄機（除湿機能付き）は、やはりパワーがあります。しかし、最近ではアイリスオーヤマなどのメーカーから、お手頃な価格で除湿機が販売されています。除湿機にサーキュレーターを搭載した衣類乾燥除湿機も販売されています。除湿しながら風を送れる、まさに部屋干しのための理想のアイテムです。除湿機も扇風機も持っていなければ、これを1台購入してみるのも便利だと思います。

ちょっと裏ワザですが、布団乾燥機を持っている人は、それも使えます。少ない洗濯物を乾かしたいときに、布団乾燥機の熱風を洗濯物に当てるのです。水分は空気の温度が高いほど早く蒸発するので、あっという間に乾いてくれます。

ただし、生地が傷みやすいので、デリケート素材を乾かすのに使うのは避けておいたほうがいいでしょう。

33

広い部屋と狭い部屋、乾きやすいのはどっち？

お風呂場に干しても問題ありません

広い部屋のほうが、空気が循環して早く乾くような気がするかもしれませんが、じつは、**狭い部屋のほうが部屋干しに適しています。**

理由は単純です。狭い部屋のほうが、効率的に湿度を下げやすいからです。部屋の面積が広いと、それだけ湿度を下げるのが大変になります。

つまり、**部屋干しに最適な環境とは、なるべく狭い部屋で、エアコンと除湿機、サーキュレーターを使う**こと。

ちょうどいい部屋がなければ、お風呂場に干すという手もあります。

浴室乾燥機が付いていればベストですが、なくても換気扇はどこの家でも付いています。**換気扇をずっと回しておくだけでも湿気が除かれ、乾きやすく**なります。そこに除湿機とサーキュレーターを置けば完ぺきです。

ちょっと注意が必要なのは、お風呂場はそもそも湿度が高く、黒カビの発生源でもあります。

エアコンもしばらく使わないと、中が結構、カビています。

カビの温床から、胞子が風に乗って空気中にばらまかれ、洗濯物に付着すると、臭いはもちろん、黒ずみの原因になります。

お風呂場の乾燥機・換気扇、エアコンのメンテナンスをきちんとしましょう。

ついでに言うと、洗濯物を干す部屋の臭いも結構、付着するものです。キッチンやダイニングとつながっている部屋は、なるべく部屋干しに使わないほうが賢明です。

34

空気が通りやすいように、「こぶし1個」は衣類の間隔をあけて干す

ハンガーを上手に使って効率よく乾かそう

ピンチハンガーに干すときも、ハンガーラックや突っ張り棒などに干すときも、**衣類と衣類の間隔を、こぶし1個分以上あけます。**

この幅が近すぎて、洗濯物がギュウギュウ詰めのような状態になっていると、せっかく湿度、温度、風の理想的な環境をつくっても、空気の流れが滞って効果が半減してしまいます。

とにかく、衣類が空気に触れる表面積をなるべく広げることがポイントです。

ポケットのあるものは裏返して、ポケット部分も空気に触れさせます。

パーカーなどのフードは、ハンガーを2本使って広げれば、パーカーの裏側も空気にさらせます（67ページ参照）。

タオルも2本のハンガーを使って、コの字形になるように干しましょう。

そのほうが空気に触れる部分が大きくなります。

35

なるべく高い位置に干したほうがいい

湿気は部屋の低いほうにたまります

理科で習いましたが、温かい空気は上のほうにたまります。

逆に、冷たい空気は下に落ちていきます。

洗濯物から出た湿気は、冷たい空気のある、部屋の低い位置にたまっていきます。

というわけで、**なるべく温かい空気があって、湿気がたまりにくい、高い位置に干したほうが乾きの効率はよくなります。**

なるべく上に、上に、干すようにしましょう。

腰くらいの高さの物干しで乾かすより、大人の背より高いくらいのハンガーラックに吊るしたほうがよく乾きますし、それより高い位置に取り付けた突っ張り棒を使えばもっといいというわけです。障子やふすまなどの上にある「かもい」にハンガーをひっかけてもいいでしょう。

クリーニング屋では、洗った物を天井に近い位置に吊り下げています。

知り合いのスタイリストさんは、自宅の屋上に出る階段を上りきったスペース（階段室）に干しているそうです。さすが、よくわかっているな、と思いました。

同じ理屈で、**服の乾きにくい部分は、なるべく上にして干すのがポイント**です。**靴下の厚いリブの部分や、デニムのポケットなどは内側を裏返して外に出して干します。**

こんなちょっとしたことで乾く時間が大きく変わりますから、ぜひやってみてください。

36

サーキュレーターの風は厚手の衣類の下のほうに送る

湿気がたまる位置を狙うのがポイント

サーキュレーターや扇風機の風の当て方、洗濯物との位置関係にもコツがあります。

洗濯物に対して、風はどこに当てるのが効率的だと思いますか？

洗濯物の真ん中？
洗濯物の上のほうに？
洗濯物の下のほうに？

正解は、**洗濯物の下（裾）をかすめるように風を当てます。**

「水分は低いほうに移動する＝洗濯物の下のほうが乾きにくい」ので、ここに重点的に風を送ることで、全体が早く乾きます。

では、乾きにくい衣類と乾きやすい衣類、どちらをサーキュレーターの近くに干すといいと思いますか？

乾きにくいものにしっかり風が当たるように、サーキュレーターの近くに干すのが正解です。

乾きやすいものは、風を当てても当てなくても、乾く時間にあまり大差がありません。どこに置いても乾いてくれます。

だから、デニムやパーカーなど、乾きにくい厚手のものに風を当てて、湿気を飛ばしてあげてください。

そうすると、じめじめした空気が部屋全体からも早くなくなるので、ほかの洗濯物も乾きやすくなります。

37

縫い目の部分を引っ張ってから干すとシワになりにくい

なるべくアイロンを使わないコツ

洗濯物を干すときに、上下にバサバサと振って全体のシワを取っている人が多くいます。

ワイシャツなど、襟《えり》の部分を左右にピンピンと引っ張っている人もいます。

前身頃のボタンのついている部分を上下にピーンと引っ張る人もいて、なかなかの上級者だなぁと思います。

でも、それでは、まだ足りません。

カフス（袖口）の縫い目や、肩の縫い目、そういう**縫い目の部分を引っ張っておきましょう。**

シャツでもズボンでも、縫い合わせの部分が水を吸っていちばん縮みます。

生地全体を伸ばすだけでなく、**縫い目のところをまめに引っ張っておくと、干し終わったときにヨレヨレになりません。**

なるべくアイロンを使わなくてもシワにならず、美しく仕上がるような洗い方、干し方というのは、ボクらの洗濯術の一大テーマです。

アイロンをしっかりかけるためには、プロでも手仕上げの場合はシャツ一枚に20分ほどかかります。それを家庭で毎日するのは、とても大変です。

でも、縫い目だけを手で引っ張るくらいならほんの数秒のこと。これだけでアイロンがけの負担がぐっと軽減されます。

お気に入りの服はぜひ愛情を持って、ひと手間かけてあげてください。

38

ニットの上手な乾かし方を教えます

重みを分散させて型崩れを防ぐ

ニットを丁寧に洗っても、干し方のせいで伸びたり縮んだり、型崩れしてしまうことがあります。

Tシャツやワイシャツのようにハンガーにかけて干すと、水の重みで形のバランスが変わってしまいます。これが型崩れの原因です。

型崩れさせないためには、重みを分散させる平干しが理想です。そのときに、バスタオルを敷けばパーフェクトです。

バスタオルの上にニットの形を整えてのせ、タオルが濡れてきたら取り換えます。

平干しできるグッズがない場合は、ハンガーを2本使って水平に干す方法があります。まず、1本のハンガーにニットを普通にかけます。そして、もう1本のハンガーに身頃と袖をのせます。

ストールも2本のハンガーを使って、重みを分散させると型崩れが防げます。

逆に、**コートやジャケットなどは1本のハンガーで、水の重みで生地を伸ばしながら干すと形がキレイに整います。**ワイシャツにシワをつけないやり方と同じ理屈です。

そのため、**コートやジャケットの脱水時間は30秒で充分です。**水の重みを残したいからです。

ニットやコートは、自然乾燥を8割程度して、仕上げに「熱」を加えると、さらに風合いがよくなります。その方法を次のページで紹介します。

39

服をふんわり仕上げる乾燥機の使い方

タオルもふんわり仕上がります

ニットやコートを干すコツとして、「自然乾燥は8割くらい。仕上げに熱を加える」と書きました。

ニットには、スチームアイロンを使います。ちょっと浮かせるようにしながら、蒸気をまんべんなく当ててください。

ダウンジャケットなら、6~7割自然乾燥させてから、乾燥機で乾かしてください。

「縮んだり、傷んだりしそう」と怖がる人が多いのですが、大丈夫です。

乾燥機で生地が傷むのは、水に濡れたところに急激に熱をかけてしまった場合です。濡れた状態は、繊維がいちばん弱っています。そこに熱を与えると、確かに縮んだり伸びたり、傷んで毛玉になってしまったりするのですが、**半乾きにしてからなら大丈夫**です。

ニットやダウンに限らず、Tシャツでもタオルでも、どんなものでも、8割くらい自然乾燥させて最後の仕上げに15分くらい乾燥機にかけるのが、服のためにはベストです。買ったときのふんわり感がよみがえります。

生地のゴワゴワが気になるけれど、なるべく柔軟剤は使いたくない、という人も試してみてください。シャツも、シワになりにくいです。

40

ハンドスチーマーを使ってさらにキレイに仕上げる

蒸気の力でシワが簡単に伸びます

アイロンの高熱に当てるのは、生地にとってよくないことですから、できればアイロンを使わないでキレイに仕上がればいちばんいいことです。

アイロンを使う場合も、洗濯の工夫によって、アイロンがけが短時間ですめば、それだけ生地も傷まないし、家事もラクになります。

「そうはいってても仕事柄、ピシッとプレスしたシャツじゃないと」という方は、洗濯後、いったんハンガーに掛けて自然乾燥し、6割くらい乾いた段階でアイロンをかけると、シワが簡単に伸びます。

それがめんどうに感じる人には、**ハンドスチーマーがおすすめ**です。ハンガーに掛けたたまシャーッと蒸気を当てるだけでシワがキレイに伸びます。アイロンをかけにくい**コートやジャケット、学生服、ニットや薄手のブラウスなどにも使えますし、蒸気の力で臭い対策**もできます。

ボクらが舞台の楽屋や撮影現場で会うスタイリストさんたちも、最近はもっぱらこれを使っています。

クリーニング屋でも、スチーマーは使います。ただし、家庭用に比べると蒸気のパワーはケタ違いです。

というわけで、購入するなら、なるべく大量のスチームが出るものにしてください。シワを伸ばす力は蒸気の量で決まります。

第5章

＼もう間違えない！／
洗濯ブラザーズ式

正しい
洗剤の選び方

この章では、第1章で紹介した
「洗剤の選び方」をより詳しく解説していきます

41

肌に触れる衣服は、健康状態にも大きな影響を与える

「服の健康」と「肌の健康」を守ろう

最後の章では、第1章で紹介した「洗剤の選び方」について、さらに深く掘り下げていきます。何を、どう選んだらいいか。ムダにお金をかけなくてもいいように、必要最小限のアイテムで最大の効果が得られる方法をアドバイスします。

まず、ふだん洗い用の洗剤は「弱アルカリ性の液体洗剤」をおすすめしてきました。理由は、洗浄力と服へのやさしさ、そのバランスがいいからです。いってみれば〝服の健康〟のため。

そして、「すすぎ」が大切だと繰り返し述べたのも、汚れや臭いを落とすためなのですが、洗剤のすすぎ残しをなくすためでもあります。それはイコール、人の〝肌の健康〟を守ることにもつながるからです。

香りが続く、ふんわり感が残るなど、いろいろな効果が持続する洗剤や柔軟剤を使うことは、その成分がそれだけ服に残っているということです。

また、そうでない洗剤でも、すすぎが足りないと成分が繊維に残留して、それが汗などと反応すると肌への刺激になることがありえます。衣類は毎日、直接肌に触れているのですから、積もり積もって健康に影響を与えかねません。

品質管理の厳しい日本で販売されている製品は、適切に使う限りリスクはほぼない作りになっているので、必要以上にナーバスになる必要はありません。しかし、選び方、使い方によっては、衣類のみならず、肌の健康にまでリスクが生じる可能性がないとはいえないのではないでしょうか。

服と肌の健康のために、正しい選択をしていきましょう。

42

洗浄力、健康、節約……あなたは何を大切にして洗剤を選びますか？

「弱アルカリ性洗剤」と「中性洗剤」の特徴

洗剤は、大前提として、香りの好みで選ばず、成分の特性から自分にベストなものを選んでもらいたいと思います。

まず、おさらいです。

・弱アルカリ性＝洗浄力と、生地へのやさしさのバランスがほどよい

・中性＝洗浄力はやや低いが、生地に影響が少ない

弱アルカリ性の洗剤は、毎日使うふだん着用に適しています。中性洗剤は、デリケート素材や色ものに適しています。これはよく、「おしゃれ着洗い用」として売られています。ウールやシルクなどにも安心して使え、繊維を傷めないので服が長持ちします。

値段は、中性洗剤のほうが少しだけ高めです。

「液体洗剤」と「粉末洗剤」の特徴

液体より固体のほうが、汚れを落とす成分が濃縮されています。つまり液体洗剤より、固形の粉末洗剤のほうがぐっと濃度が高くなっているのです。

なので**ハードな汚れを落とすなら、粉末洗剤**に軍配が上がります。

水に溶けにくい、というイメージがあったかもしれませんが、いまはずいぶん改善されています。

ただし、冬場などは少し溶け残った白いかすが服についてしまうことがあります。

それも、水温を上げられる洗濯機ならデメリットにはなりません。

粉末洗剤を選ぶときは、服や肌を守るために、漂白剤、蛍光増白剤の入っていないタイプがおすすめです。

「洗濯用せっけん」「洗濯用合成洗剤」「洗濯用複合せっけん」の特徴

・せっけん＝植物由来のせっけん成分が主体。生地や肌への影響は少ない

・合成洗剤＝石油由来の界面活性剤が30％以上。洗浄力は高いが、生地や肌への刺激性がある

・複合せっけん＝せっけんと合成洗剤の中間

この分類は、法律で決められているものです。

一般的に、肌が弱い人、アレルギー体質や敏感肌の人は、洗濯用せっけんが安心です。服にもダメージが少なく、デリケートな洗いにも適しています。環境にもいちばん負荷がかかりません。

そういうことは求めず、とにかくキレイに洗いたい、部屋干し臭を防ぎたい、臭いが気になる、という人は、洗浄力の高い合成洗剤がいいです。

洗濯用複合せっけんは、その中間です。できるだけ肌にやさしいものを使いたいけれど、臭いまでしっかりケアできるものがいいという人は、複合せっけんを選ぶといいでしょう。

値段はメーカーによりますが、洗濯用せっけんがいちばん高めです。

洗濯用せっけんは洗濯槽にせっけんのカスが残りやすいので、より頻繁に洗濯槽を洗う必要があります。

それがめんどうなら、合成洗剤がいいでしょう。合成洗剤には洗濯槽に臭いをつけない薬剤も入っているので、せっけんより比較的メンテナンスの回数が少なくてすみます。

要するに、生地にも肌にも環境にもやさしいせっけんは、菌にもやさしいので、殺菌力は劣ります。

一方で、合成洗剤は菌に強いぶん、生地や肌、環境にもそれなりの刺激があります。生地や肌への影響は、きちんとすすげばずいぶん軽減されますが、刺激に敏感な赤ちゃんや高齢者の方は、せっけんを使ったほうが安全です。皮膚の層が薄いところに刺激性の高い洗剤を使うと、肌あれの原因になるからです。

大事に服を着たい、健康に配慮したい人は洗濯用せっけんを試してみる価値は大いにあります。


洗浄力、健康面、経済性や使い勝手を総合的に判断して、自分に最適な洗剤を見つけてほしいと思います。

迷ったら基本に戻って、**「弱アルカリ性の液体洗剤」を選んでおけば、間違いありません。**

洗剤を香りの
好みだけで選ぶのは
やめましょう

43

洗剤に入っている添加物をチェックしてみよう

アレルギー、敏感肌、育児中の方は注意

「弱アルカリ性」か「中性」か。「液体」か「粉末」か。「洗濯用せっけん」か「合成洗剤」か「複合せっけん」か。

これは洗剤の土台の部分です。そこにさまざまな成分を添加することで、各メーカーが特徴を出しています。

それぞれに効果はありますが、なかには服や肌に刺激になる成分もあります。

食べものや化粧品の添加物は気にしても、洗剤の添加物はあまり気にしていない人が多いのではないでしょうか。

洗剤にプラスされている効果が本当に必要かどうか、ここで考えてみましょう。とくに肌が敏感な人や、小さなお子さんがいる人は注意してください。

・漂白成分

洗剤には、漂白剤が配合されていることがよくあります。

確かにパキッと白く仕上がって、臭いもつきにくいのですが、これは汚れが落ちて白くなっているのではなく、繊維を少し溶かすことで得られる効果なのです。これを毎日使い続けると、濃い色の服はだんだん薄くなってくるし、風合いも落ちてきます。

また、漂白剤が配合されていないもののほうが、肌への影響は穏やかです。

・蛍光増白剤

漂白成分よりも、さらにパキッと白くする成分です。ブラックライトを当てると服がピカッと光ることがありますが、あれはこの蛍光増白剤が光っているのです。

これはズバリ、染料です。汚れが落ちたから白くなっているのではなく、蛍光染料で繊維を白く見せているだけなのです。

一時期、環境面への配慮から使用を控えるメーカーが増えたのですが、近年、白さや臭いケアへのニーズが高まるにつれ、再び使用が増えています。

肌が敏感な人には、おすすめしにくい成分です。

・洗濯槽の汚れを落とす成分
漂白剤やアルコール成分の添加によって、洗濯槽の汚れを落とすことを可能にした商品があります。これが配合されているものをふだん洗いの洗剤として使うと、洗濯槽のメンテナンス回数は少なくてすむかもしれませんが、生地はゴワゴワになってきます。

洗剤は洗剤として、洗濯槽クリーナーは専用のものを別に使うのがいい、というのがボクらの考えです。

・柔軟剤

あえて配合された洗剤を使わなくても、**弱アルカリ性の液体洗剤できちんと洗えば、ふっくら仕上げることができます**。

洗剤の機能とは、別に考えることをおすすめします。

44

柔軟剤とのかしこいつきあい方

なぜ柔軟剤を使うのか考えてみましょう

ここ数年、洗剤売り場での柔軟剤の割合がぐっと増加してきています。それだけニーズがあり、人気も高いということでしょう。

衣類をふっくら仕上げるために柔軟剤を使っている方が多いと思いますが、じつは**柔軟剤を使用しないほうがいい衣類**があります。

それは、**タオルと肌着です**。

柔軟剤を使ってタオルや肌着を洗うと、吸水性が損なわれてしまうのです。

柔軟剤は、髪の毛につけるトリートメントのような役割をしています。

衣類の風合いはよくなりますが、柔軟剤に含まれる石油由来の油の膜を衣類につけているので、タオルの吸水性は落ちてしまいます。

肌着についても、汗を吸収しにくくなり、衛生上もよくありません。

また、肌着は直接肌に触れます。柔軟剤の成分が常に肌に触れていることになりますから、敏感肌の方は注意したほうがいいでしょう。

そのためボクらは、柔軟剤を使うならば、「風合いを維持したい衣類にかぎって使用する」のをおすすめしています。

ただ、ボクらがここまでお伝えしてきた洗濯術を行っていただければ、柔軟剤を使わなくても服の風合いを維持することができます。ぜひ試してみてください。

45

漂白剤は最後の手段

漂白剤を常温の水で使っても効果はありません

第3章で、「どうしても汚れや臭いが残ったときにだけ漂白剤を使う」と書きました。漂白剤は、肉眼では見えないくらいですが、少し繊維を溶かしています。劇的な効果があるということは、それなりの副作用があるということです。使い方によっては衣類や体に悪影響を与えてしまいます。なので、毎回ではなく、必要なときにだけ使ってほしいのです。

使うなら、**まずは比較的服や肌への刺激が小さい「酸素系漂白剤」**にしましょう。「色柄ものに使える」と表示されているタイプです。

それでも落ちない場合だけ、「塩素系漂白剤」を試してみてください。**これは「白ものの専用」の最終兵器です。**

さて、この**「酸素系漂白剤」ですが、洗濯機の注入口に入れてふつうに洗っていませんか？　じつはこれ、まったく意味がありません。**

酸素系漂白剤が活性するのは40℃以上です。常温の水で洗っても効果が発揮されずに終わってしまいます。

酸素系漂白剤を使うなら、40℃以上のお湯の中に指定量を入れて洗濯物をつけ込み、30分から1時間、反応させる時間が必要です。

「塩素系漂白剤」を使うときは、とくに表示の使用法をよく守ってください。

洗剤の成分にはアルカリ性のものが入っています。これと塩素が反応すると毒性のガスが発生して危険です。

おわりに

ボクたち洗濯ブラザーズのミッション

最後まで読んでいただきまして、本当にありがとうございます。

ここまで洗濯に興味を持ってくださったことは、ボクらにとってなにごとにも代えがたい喜びです。

ボクらのミッション、というと大げさかもしれませんが、でも、本気で取り組んでいることがあります。それは、

ハッピーランドリー！

３６５日、洗濯を楽しく！

誰も教えてくれなかった、クリーニング業界の人間だから伝えられる洗濯のしかた。

それをありったけ公開することで、みなさんの大切な服がキレイになりますように。

洗濯することそのものが、楽しい時間になりますように。

それによって、みなさんが少しでも幸せな気持ちに包まれますように。

そんな思いで、ボクらは活動しています。


自分や家族の服を大切にすることは、自分や家族ひとりひとりを大切にすることと同じ、とボクらは信じています。

そんな思いが嵩《こう》じて、オリジナルの洗剤まで開発してしまいました。

プロから見ても洗いに満足できる洗剤です。仕上がりの肌触りや自然な香りに、思わず笑顔になってしまう心地よさ。新品のころの風合いそのままに、ずっと着続けられるうれしさ。そして、人の肌や地球環境にダメージを与えないナチュラルなもの。

構想から7年かかりましたが、純粋に自分と家族が使いたい洗剤、お客さまに自信を持っておすすめできる洗剤をつくることができました。

日本では食やコスメに関しては、オーガニックや自然派に対する意識が高いけれど、洗濯に関しては情報もアイテムも少なすぎると考えています。その現状に風穴をあけたいという意気込みもありました。

そして、何よりも、地味な洗濯、それをハッピーなものに変えたいのです。365日、生きている限り、誰もが洗濯を繰り返し行います。それは暮らしのなかに必ずあるもので、家族を支えるもののひとつだと思います。洗濯が楽しくなれば、ささやかかもしれませんが、一日の幸福度が違ったものになるのではないでしょうか。

いちばん嫌いな家事は、洗濯。
そんな記事をどこかで目にしました。洗って、干して、たたんで、片付けて、また洗って……嫌いなことを毎日、繰り返ししなければならないなんて、まるで拷問のようで、楽しくありませんよね。

でも、ボクたちは洗濯が大好きです。楽しい、幸せな仕事だと心から思います。どうしたら、みなさんにもそれを知っていただけるか。そんな思いで、この本を書きました。

この本によって、洗濯が楽しいものになって、あなたの暮らしがハッピーになれば、ボクらにとってこれほどうれしいことはありません。

洗濯を変えるだけで、あなたの人生まで変わります！

正しい洗濯術を知って、自宅でケアできるようになると、自然におしゃれの質が上がります。

クリーニング代を気にせずに、手入れがめんどうくさそうと敬遠していた服も躊躇なく選べるようになります。

ぜひとも気に入った服を毎日身につけて、自分を輝かせてほしいと思います。

「一生もの」という言葉がありますが、この洗濯術を行えば本当に、お気に入りの服を一生、大切にできます。

一生着られれば、ちょっと高いものでも、結果的にお得になりますよね。

本当に気に入ったもの、質のいいものを身につけていると、純粋に気分がいいものです。妥協せずに、自分の思いをまっすぐ叶えることができるって、最高だと思います。幸せな暮らしとは、こういうことのなかにあるのではないでしょうか。

洗濯は、今までの意識を変える効果的な方法です。なぜなら、身に着けるもの、選ぶものが、ボクらの意識をつくるのですから。

洗濯を変えると、人生は幸せになる。

これは誇張でも比喩的な意味でもなく、何げなく、仕方なくやっていた洗濯が、楽しく、幸せをまねく行為になれば、こんなに素敵なことはありません。


そんな思いで、全国の百貨店やセレクトショップ、ライフスタイルショップの場をお借りしたり、講演会やセミナーなどでボクらは洗濯術を伝え歩いています。

おかげさまで、雑誌やテレビなどでも紹介していただき、ハッピーランドリーの思いが少しずつ広まってきています。

あなたの毎日が、さらにハッピーで楽しいものになりますように。

洗濯ブラザーズ

日本一の洗濯屋が教える
間違いだらけの洗濯術

発行日　2019年11月4日　第1刷
発行日　2020年6月29日　第9刷

著者　洗濯ブラザーズ
（茂木貴史、茂木康之、今井良）

本書プロジェクトチーム
編集統括　柿内尚文
編集担当　高橋克佳、斎藤和佳
編集協力　深谷恵美
デザイン　菊池崇＋櫻井淳志（ドットスタジオ）
撮影　塔下智士
イラスト　石玉サコ
校正　植嶋朝子

営業統括　丸山敏生
営業推進　増尾友裕、藤野茉友、綱脇愛、渋谷香、大原桂子、桐山敦子、矢部愛、寺内未来子
販売促進　池田孝一郎、石井耕平、熊切絵理、菊山清佳、櫻井恵子、吉村寿美子、矢橋寛子、遠藤真知子、森田真紀、大村かおり、高垣真美、高垣知子、柏原由美
プロモーション　山田美恵、林屋成一郎
講演・マネジメント事業　斎藤和佳、高間裕子、志水公美

編集　小林英史、舘瑞恵、栗田亘、村上芳子、大住兼正、菊地貴広
メディア開発　池田剛、中山景、中村悟志、長野太介
総務　生越こずえ、名児耶美咲
マネジメント　坂下毅
発行人　高橋克佳

発行所　株式会社アスコム

〒105-0003
東京都港区西新橋2-23-1　3東洋海事ビル
編集部　TEL：03-5425-6627
営業部　TEL：03-5425-6626　FAX：03-5425-6770

印刷・製本　株式会社光邦

Printed in Japan ISBN 978-4-7762-1058-0